GOLDMANN
Lesen erleben

Jason Good

KINDER SIND DER WAHNSINN

71 schräge Listen zum Alltag von Eltern

Aus dem Amerikanischen
von Bettina Spangler

GOLDMANN

Dieses Buch ist auch als E-Book erhältlich.

Verlagsgruppe Random House FSC® N001967
Das für dieses Buch verwendete FSC®-zertifizierte Papier *Classic 95* liefert Stora Enso, Finnland.

1. Auflage
Deutsche Erstausgabe Juli 2015
Wilhelm Goldmann Verlag, München,
in der Verlagsgruppe Random House GmbH
© 2015 der deutschsprachigen Ausgabe
Wilhelm Goldmann Verlag, München,
in der Verlagsgruppe Random House GmbH.
© 2014 by Jason Good.
All rights reserved.
First published in English by Chronicle Books LLC,
San Francisco, California.
Originaltitel: This is ridiculous, this is amazing
Umschlaggestaltung: Uno Werbeagentur, München
Umschlagmotiv: FinePic®, München
Innenlayout nach einem Entwurf von Benjamin Shaykin
Redaktion: Sylvie Schlichter
Satz: Buch-Werkstatt GmbH, Bad Aibling
Druck und Bindung: CPI books GmbH, Leck
AB · Herstellung: IH
Printed in Germany
ISBN 978-3-442-17516-1
www.goldmann-verlag.de

Besuchen Sie den Goldmann Verlag im Netz

Für Lindsay, Silas und Arlo

Inhalt

Einleitung

Haben Sie irgendwo Schürfwunden, verursacht von einem Kleinkind mit einem Tamburin, einer Mundharmonika oder einem großen Stück Karton?

Haben Sie in letzter Zeit mal mit einem Feuchttuch Bananenmatsche oder irgendeine andere Pampe von Ihrer Jogginghose gewischt?

Sind alle Fernbedienungen in Ihrem Haushalt mit einem undefinierbaren Schmierfilm überzogen?

Wenn Sie auf mindestens eine dieser Fragen mit »Ja« oder »Bitte helfen Sie mir« geantwortet haben, dann ist das hier DAS Buch für Sie.

Selbstverständlich ist mir bewusst, dass es für junge Eltern nicht ganz leicht ist, sich ein Buch zu besorgen und es dann auch tatsächlich zu lesen. Klar, man kriegt Bücher heute überall als Download, aber wahrscheinlich hat Ihr Nachwuchs schon vor Monaten Ihren Reader für sich entdeckt und vereinnahmt. Deshalb hat Ihnen vermutlich irgendwer dieses Buch zugesteckt – mit Worten wie »Ich musste so an dich denken« oder »Wow, du riechst aber echt müde«. Die gute Nachricht: In diesem Buch finden Sie nichts als Listen (ganze einundsiebzig, um genau zu sein – eine für jedes graue Haar, das Sie bekommen haben, seit Sie ein Kind haben), daher ist die Einleitung hier das einzige lange Stück Lesearbeit, das Sie stemmen müssen.

Wenn Sie gerade in diesem Moment in einem Buchladen stehen und das Buch durchblättern und sich überlegen, dass es doch ein spitzenmäßiges Geschenk für Ihre Freundin wäre, die ständig mit der Milchpumpe in der Hand rumrennt, oder für Ihren Kumpel, dessen Frau ständig mit der Milchpumpe in der Hand durch die Gegend steuert, oder für diesen einen Freund, der seiner Frau ständig die Milchpumpe hinterherträgt, oder vielleicht sogar für den Freund, der sich mal total zugeschüttet und dann im Alkoholrausch aus Spaß eine Milchpumpe gekauft hat, dann liegen Sie mit Ihrer Annahme goldrichtig, denn das ist es.

Ich habe dieses Buch geschrieben, weil ich die Leute gerne zum Lachen bringe. Eigentlich bin ich Stand-up-Comedian, aber mein Leben als Vater hat mich träge werden lassen, und das Schreiben konnte ich wenigstens im Sitzen erledigen. Ich hätte ja gern ein ganz normales Buch voll mit ganzen Sätzen und genialen Einfällen verfasst, aber seit ich Vater von zwei kleinen Jungs bin, ist mein IQ so was von im Keller. Die ständige Gratwanderung zwischen Emotionen wie Liebe, Frust und Schuldgefühlen tötet offenbar weit mehr Gehirnzellen ab, als wenn man Fliesenkleber schnüffelt. Ich hätte nur zu gern ein heiteres Lehrstück über die Stringtheorie erschaffen (Lüge), doch wenn ich bedenke, dass ich manchmal nicht mal mehr dazu in der Lage bin, den Sicherheitsgurt im Auto richtig anzulegen, ist es vermutlich nur das Beste für das Universum, wenn ich das mit der Wissenschaft den Experten überlasse.

Gut, man muss klar sagen, dass es auch Eltern gibt, die perfekt sind. Ihre Kinder schlafen nachts durch, sehen nie fern, lieben Salat, bohren nie in der Nase, beißen nicht und sagen »Hund« statt »Wauwau«. Wohlgemerkt, für sie habe ich dieses Buch nicht geschrieben. Diese Leute hätten ja eh keine Zeit, es zu lesen, weil sie lieber auf einer Blumenwiese sitzen und ihrem Kind Shakespeare vortragen. Verstehen Sie mich jetzt bitte nicht falsch, ich freue mich für sie – und wie! Aber dieses Buch ist eher für den ganzen Rest gedacht: für jene, die sich gern über die Ironie dessen kaputtlachen, dass wir die winzigen Wesen, die nicht mal wissen, dass sie uns den letzten Nerv rauben, so hoffnungslos und hingebungsvoll lieben.

Vorbereitungen

Allein die Vorstellung, man könnte sich auf
die Elternschaft vorbereiten, ist absurd,
doch gibt es da ein paar Dinge, die Sie vorab
wissen sollten. Lassen Sie es mich ganz
deutlich sagen: Keiner von meinen
Ratschlägen wird Ihnen Ihr irrwitziges
Leben erleichtern, so leid es mir tut.
Aber vielleicht werden Sie sich wenigstens
nicht mehr ganz so allein fühlen (und
nicht mehr befürchten müssen,
dass Sie sich irgendwann die Netzhaut
wieder ankleben lassen müssen).

Verteidigungsstrategien gegen Kleinkindattacken

Beginnen wir doch mit etwas, das mir persönlich sehr am Herzen liegt: Ihre Sicherheit. Sie müssen wissen, dass Kinder sich nicht im Geringsten darüber im Klaren sind, dass sie ihren Eltern ernsthafte Verletzungen zufügen können – oder es ist ihnen schlichtweg egal. Mir gefällt zwar der Gedanke, dass mein jüngerer Sohn mich für unverwundbar hält, aber ich mag es trotzdem nicht, wenn er mir den Mund aufzwingt, als wäre ich ein widerspenstiger Patient beim Zahnarzt. Wenn ich dann nachgebe, steckt er mir die Hand in den Rachen wie ein Pelikan, der sein Junges füttert. Berücksichtigt man zu guter Letzt noch den Zustand seiner Hände um acht Uhr abends, dann ist das so, als würde man sich das Gaumenzäpfchen von einem unbehandschuhten Sumpfmonster massieren lassen. Ich muss mich also schützen, und das sollten Sie auch tun. Im Folgenden finden Sie eine Liste all der Dinge, die ich auf Schritt und Tritt mit mir herumtrage:

1. Zwei Falknerhandschuhe
2. Eine große Flasche Wasserstoffperoxid
3. Eine Hockeymaske
4. Aloe vera-Hautgel
5. Ein Paar Beinschoner (verhindern Kratzer)
6. Eine Plexiglasscheibe (etwa 10 x 10 cm)
7. Zwei Blutkonserven Typ 0
8. Eine Duschhaube
9. Ein Glas Erdnussbutter (Die hasst er. Wirkt in etwa so wie Knoblauch auf Vampire.)
10. Eine Squashbrille
11. Ein Pelikan-Abwehrmittel
12. Einen Schweißhelm (wenn Hockeymaske und Duschhaube ihren Dienst versagen)
13. Ein Hauttransplantationsset
14. Zithromax (oder ein vergleichbar starkes Antibiotikum)
15. Eine Druckluftfanfare (dient als eine Art Panikknopf)
16. Eine Nebelmaschine
17. Echinacin-Salbe (hilft einfach gegen alles)
18. Einen Crashtest-Dummy
19. Zwei Energieriegel (Manchmal dauern die Angriffe mehrere Stunden. Dann braucht man was zu futtern.)
20. Einen Zahnschutz

21. Ein T-Shirt zum Wechseln

22. Einen Augenbrauenstift

23. Zwei Ersatznieren (auf Eis – absolut unverzichtbar)

Und wenn nichts von alldem wirkt, kitzelt man die Kids einfach so richtig schön durch.

Natürlich sind meine zwei Racker absolut anbetungswürdig. Und Ihre sicherlich auch. Sie sind die Ersten, die wir in unserem Rachen rumfuhrwerken lassen, und von niemandem lassen wir uns lieber die Lunge durchbohren. Denen, die wir lieben, tun wir ja bekanntlich am meisten weh.

Ach so, ja:
Dinge, die Sie nicht mehr brauchen werden

Sobald man seinem alten Leben ohne Kind Lebewohl gesagt hat, kann man sich getrost von einigen überflüssig gewordenen Dingen trennen. Man braucht nämlich jetzt viel Platz für Plastiktröten und große bunte Stoffwürfel, die krächzen, quaken oder quietschen. Ich habe eine Liste all jener Gegenstände zusammengestellt, die Sie mindestens ein Jahr lang nicht brauchen werden, wenn Sie ein Kind bekommen haben.

1. Fahrrad

2. Bücher (Romane)

3. Vasen

4. Ski

5. Wecker

6. Essstäbchen

7. Schaumbad

8. Angelrute

9. Telefonnummern von Freunden

10. Dekorative Schalen

11. Negligé

12. Tennisschläger

13. Zeitschriftenabonnements

14. Sexspielzeug

15. Schmuck

16. Taucherausrüstung

17. Konzertkarten

18. Zimmerpflanzen

19. Serviettenringe

20. Servietten

21. Coole Lederjacke

22. Stehleuchten

23. Alles aus Glas

24. Sportzeug (es sei denn, Ihre Katze kaut gern darauf rum)

25. Schuhe zum Schnüren

26. Reiseführer

27. Garn

28. Tuba (Gilt nur für Leute, die Tuba spielen. Ich tu's nicht. Kann also eigentlich nicht mitreden.)

Dinge, die Sie
nicht mehr tun werden

1. Zahnseide benutzen
2. Neues lernen
3. Kanu fahren
4. Auf Pizza verzichten
5. Gemütlich rumsitzen
6. Befördert werden
7. Tagträumen
8. Illegale Drogen einwerfen
9. Töpfern
10. Sich länger als acht Minuten fürs Essen Zeit nehmen
11. Oralsex
12. Sex
13. Schreinern
14. Das politische Tagesgeschehen mitverfolgen
15. Ein ansehnliches Paar Socken tragen
16. Yoga
17. Wecker stellen
18. Körperpflege betreiben

19. Auf Antiquitätenjagd gehen

20. Sich genüsslich strecken

21. Genügend Wasser trinken

22. Sich einen Furz verkneifen

23. Genüsslich furzen

24. Paragliding

25. Salat zubereiten

26. Darmspiegelung machen lassen

27. Sich eine Geschichte zu Ende anhören

28. Lange überlegen

29. Zum Zahnarzt gehen

30. Ein entspannendes Vollbad nehmen

31. Bügeln

32. Karate

33. Notfall-Paartherapie

34. Den Führerschein erneuern lassen

35. Drängeln

36. Die eigene Frisur gut finden

37. Nach Frankreich reisen

38. Häkeln

39. Ausreichend Briefmarken im Haus haben

40. Im Schlaf die REM-Phase erreichen

41. Wissen, wo Ihre Schuhe sind

42. Abnehmen

Die ach so neuen und wundervollen Dinge, die man jetzt tun darf

Es gibt tatsächlich unzählige Dinge,
zu denen man nicht mehr kommt, wenn man
erst mal Kinder hat. Aber grämen Sie sich nicht.
Hier habe ich nur einige der tollen neuen Sachen
aufgeschrieben, die man stattdessen machen wird.

1. Beim Pinkeln ein Butterbrot streichen

2. Jemandem gegen seinen Willen die Zähne putzen

3. Heißes Essen anpusten, während es im Mund von jemand anderem ist

4. Jemandem helfen, das Essen anzupusten, während es im Mund von jemand anderem ist

5. Sachen essen, die jemand anderem aus dem Mund gefallen sind

6. Sachen essen, die man auf dem Boden gefunden hat

7. Sachen essen, die man auf dem Fensterbrett gefunden hat

8. Süßigkeiten essen, die man in einem Schuh gefunden hat

9. Jemanden als Bob der Baumeister verkleiden, während man gegen Durchfall ankämpft

10. Zum Psychiater gehen

11. Jemandem mit der bloßen Hand die Nase putzen

12. Babybrei essen

13. Das Kind beschuldigen, wenn man selbst gefurzt hat

14. Jemanden ankleiden, während man selbst unter der Dusche steht

15. Eine Traube klein schneiden

16. Sich um ein Haar breitschlagen lassen, eine Rosine klein zu schneiden

17. So tun, als würden Trockenpflaumen irrsinnig gut schmecken

18. Jemanden fragen, warum sein Haar nach Joghurt riecht

19. Jemanden fragen, warum sein Haar nach Deo riecht

20. Sich die abgeschnittenen Zehennägel von jemand anderem in die Tasche stecken

21. Jemanden beim Pinkeln zusehen lassen, während derjenige einen mit einem Lutscher im Mund ausdruckslos anstarrt

Dinge, wegen denen ein Kleinkind ausrastet

Kind sein ist hart, erst recht wenn man all die Dinge bedenkt, die einen Tag für Tag so aus der Haut fahren lassen. Das Folgende basiert allein auf Mutmaßungen. Kleinkinder können noch nicht in Worte fassen, warum die Nerven mit ihnen durchgegangen sind.

1. Es hat eine Socke verkehrt herum an.

2. Seine Lippen schmecken salzig.

3. In sein T-Shirt ist ein Schildchen eingenäht.

4. Der Autositz fühlt sich komisch an.

5. Es hat Hunger, erinnert sich aber nicht mehr an das Wort.

6. Jemand hat sein Knie berührt.

7. Es darf nicht in den Backofen klettern.

8. Papa hat die falsche Hose ausgesucht.

9. Sein Bruder hat ihn angesehen.

10. Sein Bruder hat ihn nicht angesehen.

11. Seine Haare sind zu schwer.

12. Keiner versteht, was es sagt.

13. Es will nicht aus dem Auto steigen.

14. Es will allein aus dem Auto steigen.

15. Das iPad ist passwortgeschützt.

16. Der Ärmel berührt seinen Daumen.

17. Es versteht nicht, wie Eis am Stiel hergestellt wird.

18. Das Innere seiner Nase stinkt.

19. Hähnchenfleisch ist eklig.

20. Der Luftballon, den es vor sechs Monaten bekommen hat, ist verschwunden.

21. Das Puzzleteil will partout nicht andersrum reinpassen.

22. Papa hat ihm den falschen blauen Stift gegeben.

23. Das Gummibärchen ist zu zäh.

24. Das Internet ist zu langsam.

25. Es ist vom Sofa gesprungen, und keiner hat's gesehen.

26. Es darf nicht in die Kerzenflamme fassen.

27. Die Jacke ist doof.

28. Irgendwo im Umkreis von 100 Kilometern läuft ein Hund frei rum.

29. Ein Schuh sollte an jeden Fuß passen.

30. Papa hat ihm eine Frage gestellt.

31. Sein Bruder sagt was.

32. Es kann den Kürbis nicht hochheben.

33. Es kriegt Papas Schlüssel nicht.

34. Die Katze ist im Weg.

35. Die Katze lässt sich nicht ins Auge fassen.

36. Das Zahnfleisch fühlt sich rau an.

37. Das Kochen dauert viel zu lange.

38. Es hat zu viel Essen im Mund.

39. Es muss niesen.

40. Es kann nicht tippen.

41. Der Müllschlucker will es auffressen.

42. Mama duscht.

43. Irgendwer hat seinen Turm umgeschmissen.

44. Es hat Puderzucker auf der Hose.

45. Der Joghurt will nicht auf dem Löffel bleiben.

46. ALLES IST IMMER VIEL ZU HEISS.

Die einzige Grafik, die Eltern je brauchen werden

Es wird Ihnen ständig so vorkommen, als hätten Ihre Kinder gerade dann am meisten Energie, wenn bei Ihnen selbst die Batterien absolut leer sind. Das folgende Diagramm beweist genau diese Vermutung: Die Energiehaushalte von Eltern und Kindern sind nicht selten gegenläufig. Ich denke, auf diese Art und Weise erzieht die Natur Kinder zum selbstständigen Spiel.

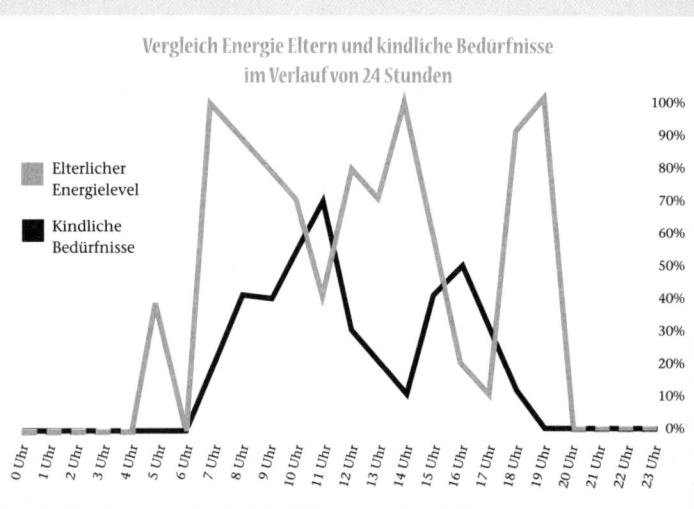

Wie Sie sehen, ist das nachts alles kein Problem, weil sowohl Energielevel als auch kindliche Bedürfnisse bei null liegen. Aber beachten Sie die Spitze um fünf Uhr morgens. Gelegentlich kommt es in dieser Zeit beim Nachwuchs zu Wachphasen, die ein geringes Maß an Aufmerksamkeit seitens der Eltern erfordern, zu einer Zeit, da deren Energielevel die Nulllinie kaum übersteigt. Gegen sieben Uhr morgens erreichen die kindlichen Bedürfnisse dann die Hundert-Prozent-Spitze. Zu dieser Stunde sind die Eltern wach, haben allerdings noch kein Koffein zu sich genommen. Nun folgen sechzig sehr harte Minuten.

Um acht gehen die kindlichen Bedürfnisse allmählich zurück, während die Eltern, jetzt mit ausreichend Kaffee intus, reichlich Energie haben. Währenddessen ist das Kind möglicherweise alleine spielen gegangen und schreit nur alle fünf Minuten nach seiner Mutter, weil es irgendwas nicht findet. In der Regel nutzt man diese Zeit, um die Spülmaschine auszuräumen oder E-Mails zu beantworten.

Bis elf Uhr fühlen Eltern sich relativ fit, doch um die Mittagszeit herum beginnt der Energielevel schon wieder zu sinken. Die nächsten beiden Stunden geht es stetig bergab. Während dieser Zeitspanne kämpft auch ein dreijähriges Kind gegen Müdigkeitsanfälle, doch statt ein kleines Nickerchen zu machen, will es lieber toben oder auf dem Papa-Pferd durchs ganze Haus reiten. Das bunte Treiben erreicht seinen Höhepunkt um zwei Uhr nachmittags, wenn die Eltern kaum mehr die Augen offen halten können. Ein guter Zeitpunkt, um ein Spiel anzuregen, zu dem man sich hinlegen muss (siehe Seite 29 für Vorschläge). »Sachen auf Mama drauflegen« ist ein gutes Beispiel. Dabei kann man gut ein Nickerchen machen, entweder weil man wegdöst oder weil man unter dem Gewicht eines riesigen Teddybären ohnmächtig wird.

Diese (sehr) kurze Ruhepause führt in der Regel zu einem neuerlichen Anstieg des Energielevels, allerdings hat das Kind jetzt die schwierigste Zeit im Kampf gegen die Müdigkeit hinter sich und fängt an, die Laken von sämtlichen Betten runterzureißen oder einen Turm aus Dosen mit Katzenfutter zu bauen: die perfekte Gelegenheit, das Abendessen vorzubereiten. Wenn erst mal alle am Tisch sitzen, scheinen Kinder ganz plötzlich auf Speed zu sein. Mama und Papa hingegen sind völlig fertig und wollen nur noch heim, um sich ein großes Glas Scotch zu genehmigen. Blöderweise stellen sie dann fest, dass sie ja längst zu Hause sind, was sie innerlich zum Weinen bringt.

Zwischen sechs Uhr abends und dem Zubettgehen herrscht das reinste Chaos. Gegen neunzehn Uhr fünfzehn sieht man Kinder nicht selten ihre Eltern durchs Haus jagen, eine Taschenlampe schwingend und irgendwas von Batterien brüllend. Zwischen neunzehn und zwanzig Uhr ist die einzige Rettung nicht selten ein Glas Wein (und zwar ein großes). Was selbstverständlich dazu führt, dass man, wenn die Kinder endlich schlafen, um einundzwanzig Uhr vor dem Fernseher wegpennt, sodass man in der Wachphase um fünf Uhr morgens wiederum feststellen muss, dass man den ganzen Tag über lediglich eine Stunde für sich hatte.

Spiele, die man im Liegen spielen kann

Wenn Ihr Energiehaushalt gerade mal wieder den absoluten Tiefpunkt erreicht hat, habe ich ein paar Spiele auf Lager, die quasi keinerlei Aufwand erfordern. Korrekt durchgeführt, kommt man vielleicht sogar in den Genuss eines kurzen Nickerchens.

1. Papa sämtliche Sonnenbrillen und Kopfbedeckungen aufsetzen

2. Papa die Socken ausziehen

3. Papa Mamas Socken anziehen

4. Versuchen Papa hochzuheben

5. Die Katze auf Papa draufsetzen

6. Windmonster (Dazu bläst man die Kids einfach nur an. Wer sich richtig ins Zeug legt, fällt unter Umständen in Ohnmacht, und das ist ja fast so gut wie schlafen.)

7. Leute stapeln (auch bekannt als »Das Sandwich«)

8. Papa auf einem Schlafsack durch die Gegend ziehen

9. Wettbewerb im Luftanhalten

10. Papa ist eine riesige Bongotrommel. (Betrachten Sie es als eine Art Akupressurbehandlung!)

11. Papa ist eine Gitarre. (Überprüfen Sie zunächst, ob die Fingernägel des Kindes ordentlich geschnitten sind. Plektron ist nicht erlaubt!)

12. Papa ins »Sofagefängnis« stecken

13. Wir tun so, als wären wir schlafende Kätzchen! (Führt nicht selten dazu, dass man richtig einschläft.)[1]

14. Papas Jeans mit Straßenmalkreide verzieren

15. Papa schminken (Größere Sauerei als Punkt 14, aber das ist es allemal wert)

16. Papa in eine Mumie verwandeln (dazu benötigt man ein großes Laken und viel Geduld)

17. Wir tun so, als würden wir Papa aufessen (keine Utensilien nötig).

18. Wir saugen Papa mit dem Staubsauger ab.[2]

19. Wir balsamieren Papa ein.[3]

---

1 WARNUNG: Dieses Spiel endet meist abrupt, indem das Kind einem ins Gesicht springt. Ich empfehle daher das Tragen einer Hockeymaske (vgl. »Verteidigungsstrategien gegen Kleinkindattacken«, Seite 14).

2 VORSCHLAG: Der Staubsauger sollte ausgeschaltet sein. Außerdem wenigstens ein T-Shirt anbehalten.

3 ACHTUNG: Nur mit Kindern spielen, die noch nicht wissen, was Einbalsamieren bedeutet!

Tipps für Reisen mit Kindern

Ich kann es nicht empfehlen, aber dennoch werden Sie früher oder später mit Ihren Kindern in einem Flugzeug sitzen. Aus welchem Grund auch immer Sie sich das antun, ich habe da ein paar Ratschläge auf Lager. Es gibt zwar auch Listen in einschlägigen Elternmagazinen, die empfehlen, »reichlich Knabbereien mitzunehmen« oder »Wechselklamotten nicht zu vergessen«. Aber mal ehrlich, jede Schimpansenmama weiß, dass all das unverzichtbar ist, wenn man fliegt. Hier eine Liste für normale Eltern, die auf die Selbstverständlichkeiten von alleine kommen.

1. Nehmen Sie mindestens sieben verschiedene Kopfhörer in unterschiedlichen Größen und Formen mit. Zwei gehen garantiert verloren, und vier »PASSEN NICHT RICHTIG!!!«

2. Sie werden nicht drumherumkommen, auf der engen Flugzeugtoilette eine vollgekackte Windel zu wechseln. Daher sollten Sie schon einige Tage vor dem Flug mit Dehnübungen anfangen (weil Sie ja bekanntlich kein Yoga mehr machen).

3. Nach neunzig Minuten Flugzeit werden Sie die ersten Selbstmordgedanken überkommen. Keine Panik: Das ist völlig normal. Sie werden sich nicht umbringen, allein

der Gedanke daran führt bereits zu einer Besserung des Befindens.

4. Kinderlose Menschen geben ja gern den Ratschlag: »Gebt ihnen doch ein Beruhigungsmittel, dann schlafen sie den kompletten Flug über.« Tja, wenn Sie das riskieren wollen, nur zu. Aber lassen Sie sich gesagt sein, dass etwa dreißig Prozent aller Kinder nach der Einnahme von Antihistaminika hyperaktiv werden. Und wenn das passiert, bleibt Ihnen nur noch der Sprung durch die Flugzeugtür.

5. Wenn Ihr Dreijähriger sich ausnahmsweise mal »Stirb langsam: Jetzt erst recht« ansieht, wird er davon wahrscheinlich keinen bleibenden Schaden davontragen.

6. Die Antwort auf »Wann sind wir endlich da?« lautet: »Nie, wenn du ständig fragst«. Aber Achtung: Wenn Ihr Kind das Konzept »nie« noch nicht kapiert hat (was vermutlich der Fall ist), resultiert diese Antwort möglicherweise in einer existenziellen Diskussion über Ewigkeit und Tod. Auch wenn dabei wieder einiges an Flugzeit vergeht, ist das weder der richtige Zeitpunkt noch der rechte Ort!

7. Sie müssen sich nicht blöd vorkommen, wenn Sie Kissen mit in den Flieger schleppen. Aber bitte, bitte keine Schlafanzughosen für die Erwachsenen!

8. Geben Sie eine ordentliche Ladung Valium in Ihren Kaffee. Sie müssen wachsam, aber entspannt sein. Ich empfehle fünf Milligramm auf einen dreifachen Espresso, aber meinetwegen gönnen Sie sich auch mehr.

9. VERGESSEN SIE NIE: Wenn der Flug vorüber ist, haben Sie immer noch mindestens eine ganze grauenvolle Stunde vor sich, in der Sie Ihre Kinder davon abhalten müssen, aufs Gepäckband zu klettern, zur Tür rauszurennen oder in den Shuttlebus einer Autovermietung zu steigen.

10. Selbst wenn man Verwandtschaft besucht, ist die Unterstützung bei der Kinderbetreuung begrenzt. Alle unangenehmen Dinge bleiben trotzdem an Ihnen hängen. Und den Großteil der Zeit ist zudem anderswo alles noch viel schlimmer als daheim.

TROTZDEM GUTE REISE!

Dinge, die ich vermissen werde

Wer sich auf das Schlachtfeld der Elternschaft begibt, tut sich bisweilen schwer, den Durchblick zu bewahren. Bisweilen aber, wenn sich endlich Ruhe über das traute Heim senkt und ich ausnahmsweise mal selig vor mich hinlächle, statt wütend Butterbrote zu schmieren, trifft mich die Erkenntnis: »Wow, wie werde ich all das vermissen, wenn mein Jüngster älter ist.«

1. Wie sehr er meine bloße Anwesenheit braucht und genießt

2. Wie er immer die Vier auslässt, wenn er bis zehn zählt

3. Dass er denkt, ein Euro entspricht einer Million Cent

4. Dass er das *sch* wie *s* ausspricht und das *pf* wie *p*

5. Dass er das T-Shirt auszieht, indem er die Arme durch die Halsöffnung steckt

6. Dass eine Umarmung nicht lang genug dauern kann

7. Dass er drei Arten von Küssen beherrscht, den »zärtlichen«, den »nassen« und den »trockenen« (Wenn ich wählen dürfte, würde ich den »zärtlichen« behalten wollen).

8. Dass er das Alphabet nur singend aufsagen kann

9. Dass er so unkompliziert ist

10. Dass er seine Schuhe in meinen versteckt

11. Dass er nicht lügen kann

12. Sein Gesichtsausdruck, wenn er es trotzdem probiert

13. Die Phase, als er statt »Ja« immer »Ich will!« gesagt hat

14. Wie winzig klein er auf dem Sofa aussieht

15. Dass er einen Hotdog genauso isst wie einen Maiskolben

16. Dass er mit sich im Reinen ist und sich noch keinerlei Gedanken darüber macht, wie er auf andere wirkt

17. Dass er eins meiner Lieblingswörter erfunden hat: »irgendniemand«. »Kann irgendniemand schneller als ich in die Küche rennen?«

Keine bleibenden Schäden

Einige der tollsten und kreativsten Leute,
die ich kenne, haben schreckliche Eltern.
Wenn Sie also die letzte Tetanusimpfung
vergessen haben und nun Ihr Kind dabei
erwischen, wie es auf einem rostigen Nagel
herumkaut, den es im Schuppen
gefunden hat (Sie wussten nicht mal,
dass es im Schuppen war, weil Sie gerade auf
Facebook surften), dann schlagen Sie
nicht Ihren Kopf gegen die Wand, sondern
halten Sie sich vor Augen, dass aus
vernachlässigten Kindern oft brillante
Erwachsene werden.

Die falsche Art von Spielen

Ich weiß, es ist manchmal echt hart, Kinder bei Laune zu halten, besonders an verregneten Wochenenden. Da mag es schon verlockend erscheinen, ein kleines bisschen überzuschnappen; allerdings sollten Sie es nicht allzu wild treiben, um niemanden zu verletzen und keine allzu schlimmen Schäden im Haus anzurichten. (Selbstverständlich liefern durch solche Ausraster hervorgerufene Traumata hervorragenden Stoff für die genialen Kurzgeschichten, die der Nachwuchs später im Kurs für kreatives Schreiben verfassen wird.)

1. Finde den Waschbären

2. Bootsrennen in der Toilette

3. Der Katze die Zähne putzen

4. Die Zahnbürste ausprobieren, die man hinter der Heizung gefunden hat

5. Papa rasieren (Sie denken jetzt vielleicht, dass man dieses Spiel gut im Liegen spielen kann, siehe Seite 29, aber das ist einfach zu gefährlich. Sorry!)

6. Mamas Personalausweis verstecken

7. Zahnarztspiele

8. Das Eichhörnchen streicheln

9. Satellitenschüssel reparieren

10. Versteckspiele im Kriechkeller

11. Freispiel mit Gartenschlauch (an beliebigem Ort)

12. Lustige Mörtelspiele

13. Das Katzenklo säubern

14. Auf Mamas Problemzonen deuten

15. Ausprobieren, was sich alles im Klo runterspülen lässt

16. Malen mit Kidneybohnen

17. Couchspringen mit Kuchen in der Hand

18. Testen, ob wirklich Strom auf der Steckdose ist

19. Die Magnolie zuschneiden

20. Am Straßenrand nach toten Tieren suchen

21. Die Spieldecke aufessen

22. Pogotanz in der Küche

23. Vasen-Weitwurf

24. Kann man das essen?

25. Kaminkehrer

26. Mister Gabelfinger

Spielen Sie niemals Mister Gabelfinger, nie!

Anzeichen dafür, dass Sie selbst wieder zum Kind mutieren

Immer wieder geschieht es, dass Menschen das Kind in sich neu entdecken, sobald sie selbst Kinder in die Welt setzen. Gern wird dann Spielzeug gekauft, das man sich schon immer gewünscht hat – natürlich nur für den Nachwuchs! Wenn mehr als drei Punkte aus dieser Liste auf Sie zutreffen, identifizieren Sie sich vielleicht etwas zu sehr mit Ihrem Spross.

1. Sie tragen plötzlich bunte Klamotten.

2. Sie sagen »super duper« zu anderen Erwachsenen.

3. Sie trinken in der Öffentlichkeit Saft aus dem Tetrapack.

4. Sie trinken aus einer Schnabeltasse.

5. Sie rasten völlig aus, wenn Sie einen Zug oder einen Bagger sehen.

6. Ihre Playlist besteht zu 60 Prozent aus Kinderliedern.

7. Sie singen die Titelmelodie von »Bob der Baumeister« im Auto vor sich hin – wenn Sie alleine unterwegs sind.

8. Sie finden es »süß«, Ihr Haar zu zwei Zöpfen geflochten zu tragen.

9. Sie rutschen auf dem Hosenboden die Treppe runter.

10. Sie gehen auf allen vieren die Treppe hoch »wie ein Panther«!

11. Sie versuchen, Ihre Kollegen mit Fruchtriegeln zu bestechen.

12. Sie legen sich Schuhe mit Klettverschluss zu, weil die »so praktisch« sind.

13. Im Restaurant fragen Sie den Ober, wo man denn hier »aufs Töpfchen« geht.

14. Sie reden von sich selbst als »Papa«, wenn Sie sich mit einem Erwachsenen unterhalten.

15. Sie essen Nudeln mit Ketchup zum Abendbrot.

16. Sie weigern sich, Äpfel mit Schale oder Brot mit Rinde zu essen.

17. Sie finden auf einmal vieles »bäh« oder »igitt«.

18. Sie mögen plötzlich keine Orangen mehr.

Verlassen Sie sich nicht zu sehr auf Ihren Instinkt

Kinder sind auch nur Menschen, was allerdings keinesfalls bedeutet, dass sie rational handeln. Ihre Entscheidungsfindung wird nicht länger von der natürlichen Selektion bestimmt. Gehen Sie besser nicht davon aus, dass Ihre Kinder über einen funktionierenden Selbsterhaltungstrieb verfügen – dies könnte unter Umständen gefährlich für Sie (und Ihre Kinder) werden.

INSTINKT: Ein Kind muss doch kapieren, was »beeil dich« bedeutet, oder?
REALITÄT: Blödsinn. Für ein Kind bedeutet diese Aufforderung: »Schnell! Versteck deine Schuhe!«

INSTINKT: Kinder haben ein natürliches Gespür dafür, was ihnen guttut – bestimmt hört der Kleine auf, Kekse in sich reinzustopfen, bevor er in kalten Schweiß ausbricht, seinen Bruder vermöbelt und dann zu flennen anfängt.
REALITÄT: Fehlanzeige.

INSTINKT: Irgendwann hat ein Kind genug vom Fernsehen und stellt das Gerät von selber ab.

REALITÄT: Irgendwo soll es einen Mann von achtzig Jahren geben, der seit siebenundsiebzig Jahren pausenlos *Sesamstraße* guckt.

INSTINKT: Kinder verstehen ganz intuitiv, dass Autofahren ein hohes Maß an Konzentration und Aufmerksamkeit erfordert.
REALITÄT: Nix da. Kinder denken, das Auto fährt von selbst, und Sie sind nur der Glückliche, der auf dem Platz mit dem Steuer sitzen darf. Daher ist die Sache mit dem »Fahren« niemals eine Entschuldigung dafür, dass Sie dem Kind nicht jetzt sofort auf der Stelle ein Butterbrot schmieren können.

INSTINKT: Kinder essen schon, wenn sie hungrig sind.
REALITÄT: Tun sie nicht. Zumindest glaube ich das nicht. Ich habe noch nie länger als ein paar Stunden abgewartet, ehe ich ihnen Süßigkeiten versprochen habe, wenn sie wenigstens ein einziges Maiskorn essen.

INSTINKT: Ein Kleinkind weiß, dass es seinem Vater wehtut, wenn es ihm ins Gesicht springt.
REALITÄT: Tja, vielleicht ist das so, aber dann ist es ihm egal, weil es lustig ist.

Viel Spaß da draußen!

Ganz gleich, wie viel Essen man ihnen hinstellt, es ist nicht in Ordnung, Kinder in ihr Zimmer zu sperren und dann shoppen oder feiern zu gehen – das machen nur schlechte Eltern. Aber man kann ja auch nicht immer perfekt sein. Einmal im Jahr sollte man doch ein Nickerchen machen dürfen, oder nicht? Fühlen Sie sich bloß nicht schuldig, wenn Sie eins der folgenden Dinge tun (die akzeptable Altersspanne für das Kind liegt bei drei bis sieben).

1. So tun, als würde man schlafen

2. Beim Wochentag oder der Uhrzeit schwindeln

3. Sich taub stellen

4. Ein Spielzeug verstecken und dem Kind erzählen, es sei geklaut worden

5. Ein Spielzeug absichtlich kaputt machen und es dann auf den Partner schieben

6. Dem Kind das Würstchen geben, das auf den Boden gefallen ist

7. Dem Kind das Würstchen geben, das im Sandkasten gelandet ist

Dem Kind beim Ins-Bett-bringen erzählen, man sei »gleich wieder zurück«, und dann so lange wegbleiben, bis es eingeschlafen ist

Eine Schulterverletzung vortäuschen, damit man das Kind nicht tragen muss

Zu behaupten, »Collin-Jerome ist mit seiner Familie in Urlaub« (Ist er nicht. Aber Sie können weder Collin-Jerome noch seine Mutter ausstehen.)

Die falsche Art von witzig

Ich habe einen eher sarkastischen Sinn für Humor,
der an meinen Kindern (noch) komplett vorbeigeht.
Doch weil ich Ihr persönliches Krafttier in Sachen
Elternschaft bin, habe ich für Sie fünf Beispiele
zusammengestellt, wie man Übertreibungen und
Sarkasmus im Gespräch mit Kindern niemals
anwenden sollte.

1. Übertreiben Sie nicht bei Zeitangaben

Nach zwölf Minuten einer etwa fünfzehnminütigen Fahrt
fragte mein Fünfjähriger mich (schon zum achten Mal), wie
lange es noch dauern würde, bis wir am Zoo ankämen. Als
ich »eine Million Jahre« antwortete, sagte er: »Moment mal,
in echt? Eine Million Jahre?« Und ich so: »Nein, Partner, natürlich nicht in echt. Wir sind in drei Minuten da.« Dann
jammerte er wieder: »Aber das dauert ja noch soooo lang!«
Alles, was nicht »wir sind da« ist, kommt den Kleinen vor
wie eine Ewigkeit, und egal, ob ich drei Minuten sage oder
eine Million Jahre, witzig findet er keines von beiden. Er hat
schließlich keinerlei Vorstellung, was eine Million ist, na ja,
und um ehrlich zu sein, ich auch nicht.

2. Übertreiben Sie nicht
in Bezug auf Schmerz und Verletzungen

Einmal, als meine Kids besonders heftig auf mir herumtobten, sagte ich: »Springt nicht so auf mir rum, sonst reißt mir die Milz.« Tun Sie dies besser nicht, denn Sie werden feststellen, dass Sie keine Ahnung haben, was eine Milz ist und wozu man sie braucht – Fragen, die Sie nach dieser Äußerung garantiert beantworten müssen.

3. Lassen Sie das mit dem surrealistischen Sarkasmus

Erst neulich hab ich zu meinem Dreijährigen gesagt: »An dem Tag, wo du dir endlich die Zähne putzt, ohne dass ich dich fünfmal darum bitten muss, kommen dir bestimmt Pinguine zum Popo rausgeflogen.« Sie erwarten bestimmt, dass ein Kind das total ulkig findet, aber Sie werden feststellen, dass es keine Ahnung hat, dass Pinguine so was gar nicht können. Dann müssen Sie damit rechnen, dass Ihr Kind ab sofort wieder Windeln tragen will, damit nicht plötzlich lauter Pinguine durchs Badezimmer watscheln, während es sich die Zähne putzt.

4. Übertreiben Sie nicht in Ihrer Wut

Nach einer kleineren Auseinandersetzung darüber, wie lange der dreijährige Arlo fernsehen darf, rutschte mir Folgendes heraus: »Ich werfe das iPad aus dem Fenster und lass es den Schneemann auffressen.« Klar würde ich nie im Leben freiwillig das iPad zum Fenster rauswerfen (es sei denn, ich wollte meine Frau davon überzeugen, dass wir unbedingt das neue mit Retinascreen brauchen). Die weit aufgerissenen Rehaugen meines Sohnes sprachen Bände. Stumm jammerten sie: »Papa, warum musst du so schlimme, schlimme Dinge sagen?« Ich antwortete: »Tut mir leid. Hab nur Spaß gemacht. Ich werde das iPad nicht zum Fenster rauswerfen, und selbst wenn ich es täte – was ich selbstverständlich nie tun würde –, hat der Schneemann gar nicht … Ach egal, vergiss es. Willst du noch eine Folge *Shaun das Schaf* gucken?«

5. Übertreiben Sie nicht, wenn Sie von Entfernungen sprechen

Als er mal auf der Schaukel saß, verlangte Arlo: »Höher, höher! Stoß mich an! Höher, Papa, höher!« Er wollte nicht damit aufhören, also machte ich einen Witz, den nur Erwachsene verstehen (die aber nicht darüber lachen können, weil er so dermaßen lahm ist): »Wenn du noch höher schaukelst, dann fliegst du davon und segelst vielleicht bis zum Mond.« Cool, oder? Leider nicht. Er wollte sofort runter von der Schaukel und wieder reingehen, denn wenn er eines ganz sicher über Astronomie weiß, dann, dass der Mond sehr weit weg ist vom iPad.

Wie man seinen
Kinderarzt ärgert

1. Sagen Sie »Aber im Internet hab ich gelesen ...«

2. Erklären Sie, dass Sie einem »individuellen Impfplan« folgen wollen.

3. Stellen Sie mehr als drei Fragen zu einem Thema.

4. Stellen Sie eine persönliche Frage.

5. Tun Sie so, als wüssten Sie, wovon Sie reden.

6. Setzen Sie sich auf seinen oder ihren Stuhl.

7. Weinen Sie.

8. Fragen Sie wiederholt: »Das ist die Hand-Mund-Fuß-Krankheit, nicht wahr?«

9. Bringen Sie Ihre anderen Kinder zum Termin mit.

10. Stellen Sie Fragen zur eigenen Gesundheit. »Wissen Sie, wo wir gerade über Ausschlag sprechen, ich hab da was an der Schulter. Könnten Sie sich das wohl mal ansehen? Nein? Okay, kein Thema.«

11. Basteln Sie einen Origamischwan aus diesem bescheuerten Papier auf der Untersuchungsliege.

12. Fragen Sie: »Was würden Sie tun, wenn es Ihr Kind wäre?«

13. Tun Sie desinteressiert, wenn er Ihnen stolz erzählt, wie er mal diesen Promi getroffen hat. (Oder macht das nur unser Kinderarzt?)

14. Essen Sie einen Döner im Behandlungszimmer. (Funktioniert bei allen Ärzten, vermutlich aber generell bei allen Menschen.)

Camping ist großartig

Ist der Sommer endlich da, schnappt man gerne mal über und plant die irrwitzigsten Dinge. Folgendes sollten Sie im Hinterkopf behalten, wenn Sie einen Campingtrip mit der Familie in Erwägung ziehen.

1. Mit dem Feuermachen ist es ein bisschen so wie mit dem Kindermachen: Ein sehnlich erwartetes Lagerfeuer ist wirklich schwierig in Gang zu bringen, aber ungeplant eine Fleecejacke in Brand zu setzen geht verflucht schnell.

2. Sämtliche Socken der Kinder sind binnen fünf Minuten nass.

3. Die Kinder gehen erst schlafen, wenn es dunkel ist, und wachen auf, sobald der erste Sonnenstrahl ins Zelt fällt. Macht etwa sechseinhalb Stunden Schlaf pro Nacht.

4. Jedes Ihrer Kinder wird einen ganz besonderen Stein anschleppen, den eines von ihnen umgehend verliert. Dann werden Sie das ganze Wochenende mit der Suche nach diesem Stein verbringen.

5. Schon mal versucht, einen Dreijährigen zum Hinsetzen zu bewegen? Und jetzt probieren Sie das mal in einem Schlauchboot.

6. Ihr Kind wird plötzlich panische Angst davor haben, im

Freien zu pinkeln (auch wenn es das zu Hause nur allzu gerne tut). Viel Spaß, wenn Sie es dann jede Stunde barfuß zur Toilette bringen müssen.

7. Sie werden etwa fünfundsiebzig Prozent des Tages damit verbringen, »komische Geräusche« zu erklären.

8. Sie werden pausenlos davon reden, ein Wohnmobil zu kaufen. Was Sie selbstverständlich nie in die Tat umsetzen.

9. Der Typ mit dem Hauszelt nebenan hat vermutlich die Landesflagge gehisst und bezeichnet jeden als Kumpel.

10. Selbst in den teuersten Gefrierbeuteln bleiben Kekse nicht trocken.

11. Beim Wandern kommt es viel häufiger vor als gedacht, dass man sich streitet und die Kinder tragen muss.

12. Ein kapitales Wildschwein zu sehen ist kein erhebendes Erlebnis. Man kriegt es einfach nur mit der Angst zu tun.

13. Sie werden mindestens vierzigmal am Tag sagen: »Ich glaube, die Pflanze ist giftig.« Zweimal haben Sie vermutlich recht.

14. Ganz gleich, welche Schlafposition Sie ausprobieren, es ist immer ein Stein unter Ihrer Hüfte.

15. Fürze in Zelten sind eklig.

Und das alles ist es absolut wert. Auch wenn Sie übersät mit Brennnessel-Ausschlag und Mückenstichen wieder nach Hause kommen.

Gute Gründe,
den Strand zu meiden

Ich habe Strandausflügen schon mehr als genug Chancen gegeben. Aber jedes Mal bin ich nach fünf Minuten total verschwitzt, schmecke nach Salz, und alles juckt. Das ist noch nicht mal annähernd auszuhalten, wenn man allein ist, aber mit zwei kleinen Kindern im Schlepptau kann das in gleichzeitigen Vater-Kind-Tobsuchtsanfällen enden.

1. Kaum haben sie sich hingesetzt, sind die Kinder auch schon voller Sand.
2. Der dreijährige Arlo rastet aus, weil er nicht surfen darf.
3. Silas stolpert und landet auf einem toten Fisch.
4. Arlo will die ganze Zeit an Silas' Haar riechen und brüllt dabei »Igitt, Fischkacke!«
5. Der Träger an Mamas Bikinioberteil reißt.
6. Papa schafft es nicht, dass der Sonnenschirm stehen bleibt.
7. Eine Windböe jagt den Sonnenschirm über den Strand. Bis er auf einem knutschenden Pärchen landet.
8. Arlo schleudert Silas Sand ins Gesicht = der Tag ist gelaufen.

9. Beide Kinder schlafen auf dem Heimweg im Auto ein, dafür herrscht dann bis zehn Uhr abends Halligalli.

10. Alle wollen am kommenden Wochenende wieder an den Strand fahren, weil selbst dieses Elend Spaß macht, wenn wir es gemeinsam tun.

Viele Leute reisen gern und oft mit ihren kleinen Kindern ins Ausland. Ich weiß das, weil sie es mir selbst erzählt haben – und zwar nicht nur einmal. Ganz schön mutige Zeitgenossen! Ich persönlich bleibe vorerst lieber daheim. Ich brauche die Annehmlichkeiten meines gemütlichen Zuhauses, und außerdem bezweifle ich stark, dass ein Fünfjähriger den uralten Felshöhlen Kappadokiens etwas abgewinnen kann. Meine Kinder kommen schon aus dem Staunen nicht mehr raus, wenn wir nur den neu eröffneten Supermarkt hier im Viertel besuchen, also warte ich lieber noch ein Weilchen, ehe ich vier Flüge nach Neuseeland buche. Warum ich so denke? Ich sage es Ihnen.

1. Die Kinder werden die Zeitverschiebung nicht vor dem Rückreisetag verkraftet haben. Sie werden viel Spaß haben, wenn Sie die nächsten Tage um drei Uhr nachts aufstehen müssen oder die kommenden anderthalb Wochen mit allem mindestens fünf Stunden hinterherhinken.

2. Im Flieger werden die Kleinen total durchdrehen, das Tablett ständig hoch- und wieder runterklappen und

auf dem Sitz auf und ab hüpfen, bis sie dann fünf Minuten vor der Landung tief und fest schlafen. Die Internetverbindung auf Flügen ist zu langsam zum Filme gucken. Wenn Sie also nicht schon vorab siebenundvierzig Episoden der Lieblingsserie Ihres Kindes runtergeladen haben, widmen Sie sich besser gleich mal der Auswahl an alkoholischen Getränken. Obwohl, vergessen Sie das. Es gibt nichts Schlimmeres, als im Urlaub mit Kindern auch noch verkatert zu sein.

Sie wussten nicht, dass auch Kinder einen Reisepass brauchen? Na dann, gute Heimreise. War es am Flughafen wenigstens nett?

Die Milch anderswo schmeckt immer »komisch«. In Amerika ist sie immer fettreduziert und oft mit dubiosen Vitaminzusätzen versehen. In Teilen Asiens soll es noch nicht mal Milch geben. Wenn Sie es schaffen, dass Ihr Kind mehr als einmal aus einer Kokosnuss trinkt, dann herzlichen Glückwunsch. Sie müssen ein Zauberer sein.

Auch das Fernsehen ist oft anders als zu Hause: In vielen Hotels hat man die Wahl zwischen einigen örtlichen Sendern und CNN International. Ich hoffe, Ihr Nachwuchs hat Spaß dabei, sich eine Doku über die Revolution in der Mongolei anzusehen oder eine Show über alte italienische Säcke, die beim Anblick von Brüsten dreckig lachen.

Wie schwierig es ist, ein Vorbild zu sein

»Tu das, was ich dir sage, und nicht, was ich selber tue«, lautet eine Redensart, mit der Eltern ihre Kinder gerne behelligen. Und das aus gutem Grund: Wir alle wollen, dass aus unserem Nachwuchs mal was Besseres wird als aus uns, aber wir sind zugleich auch recht festgefahren in dem, was wir tun – entweder unfähig oder nicht willens, uns selbst zu ändern, um bessere Vorbilder abzugeben. Und nun Hand aufs Herz: Haben Sie in letzter Zeit etwas von den folgenden Dingen getan?

1. Gesagt: »Süßigkeiten sind ungesund«, und sich dann hinter der Schranktür versteckt und eine Handvoll M&Ms in sich reingestopft (Mehr dazu unter »Sichere Orte zum Kekse essen« auf Seite 113.)

2. Ganz laut gebrüllt: »Schreit nicht so!«

3. Erklärt, wie wichtig Ruhe und Schlaf sind, um am nächsten Tag dann zu erzählen, man sei müde, weil man bis drei Uhr nachts wach war, um einen Film anzuschauen

4. Sich herausgeredet, man sei viel zu müde, um Fangen zu spielen, dann aber doch aus dem Sessel hochge-

sprungen, um sich ein Eis aus dem Gefrierfach zu holen

5. Ohne vom Smartphone aufzusehen, dem Kind erklärt, es hätte heute schon »viel zu viel Zeit vor der Glotze und dem Computer verbracht«

6. Gesagt: »Sprich nicht so, sonst kriegst du einen Scheißärger in der Schule. Äh, ich meine schrecklichen Ärger … Sag solche schlimmen Wörter einfach nicht, okay?«

7. Gepredigt: »Man muss die Erde respektieren, weil sie unser Zuhause ist«, und währenddessen zwei Dosen, drei Joghurtbecher und zwei Glasflaschen im Restmülleimer versenkt

8. Erklärt, wie wichtig es ist, die Sachen anderer Leute zu respektieren, während man eins der Spielsachen des Kindes aus dem Weg kickt, damit man an die Kaffeemaschine rankommt

9. Das Kind aufgefordert, es solle sich gerade hinsetzen, während man auf dem Sofa fläzt

10. Sich beschwert, dass das Kind nie entspannt und voll da sei, während man selbst hektisch seine Fingernägel runterkaut

Wir lernen es wohl nie, was?

Wovon mein Kind träumt

Alles reine Spekulation, versteht sich.

1. Er freundet sich mit einem lustigen, sprechenden Huhn an.

2. Er stopft seine Windel mit Keksen voll.

3. Er befindet sich auf einem Floß mit einem Biber, einem Schnabeltier und einem Minielefanten. Sie sitzen in einer Badewanne voll mit geschmolzenem Käse. In der Ferne hört er das leise Zwitschern der Vögel. Es ist fünf Uhr morgens. Höchste Zeit, Mami aufzuwecken.

4. Er spielt in einem Theaterstück mit, weiß aber seinen Text nicht mehr. (Sogar Kinder träumen diesen Traum, oder?)

5. Er sitzt hinter dem Steuer eines Autos und schreit: »Ich fahre das Auto, ich fahre es echt!«

6. Er reitet auf einem Einhorn und kreischt: »Was ist denn hier los? Dieses komische Pferd hat ja ein Horn! Ich reite auf einem Pferd mit Horn!«

7. Er geht raus in den Garten und sieht jemanden auf seiner Lieblingsschaukel sitzen. Er weiß, dass es sein Bruder ist, aber der sieht aus wie Opa. Dann schreit er: »Buh, buh«, aber Opa sagt: »Nein, ich bin Silas. Dein

Bruder.« Dann verwandelt sich der Rasen in ein riesiges Maul und verschlingt ihn. Höchste Zeit, Papa aufzuwecken.

8. Er muss sich in Endlosschleife anhören, wie seine Mutter sagt: »Ich bin gleich wieder da.« Jetzt ist es echt Zeit, Mama aufzuwecken.

9. Er verliert alle seine Zähne. (Deutet in der Regel auf seine Angst hin, er könnte seine »magische« Münze verlieren.)

Den Partner verstehen

Sie sollten eines wissen: Wenn Ihr Partner
sagt »Komm und hilf mir«, dann meint
er oder sie eigentlich: »Bitte durchleide mit
mir gemeinsam diese Situation, die
keiner von uns beiden unter
Kontrolle bringen kann.«

Sie haben sich eine Auszeit verdient

Ganz gleich, wie sehr wir unsere Kinder lieben, oft wünschen wir uns doch nichts sehnlicher, als möglichst weit weg von ihnen zu sein. Bevor man eine Familie gründet, findet man es unglaublich nervig, den Müll rausbringen zu müssen. Heute kommt der Gang zur Mülltonne einem 30-Sekunden-Urlaub gleich. Hier noch einige andere Dinge, die in einem früheren Leben lästige Pflichten waren, heute aber genussreiche Auszeiten versprechen.

1. Das Haus von oben bis unten putzen

2. Jemanden vom Flughafen abholen

3. Zum Zahnarzt gehen

4. Den Keller aufräumen und anschließend zum Wertstoffhof fahren

5. Klamotten zum Altkleidercontainer bringen

6. Die Regenrinnen reinigen

7. Dem Nachbarn beim Transport einer Waschmaschine helfen

8. Die verstopfte Toilette reparieren

9. Zum Blutspenden gehen

10. Nachforschen, warum es im ganzen Haus so fürchterlich stinkt

11. Flyer verteilen

12. Das Auto saugen

13. Die Steuererklärung machen

14. Sich eine Warze entfernen lassen

15. Zur Physiotherapie gehen

16. Kabel entwirren

17. Versicherungsformulare ausfüllen

18. Einem Wildfremden beim Auto Starthilfe leisten

19. Kontoauszüge ausdrucken

20. Eine Schmutzwasserpumpe reinigen

21. Alles, wozu man irgendwohin fahren muss

22. Die Katze zum Tierarzt bringen

23. Wählen gehen

24. Alte Batterien und Glühbirnen aussortieren und entsorgen

25. Pflanzen umtopfen

26. Sich als Wahlhelfer melden

27. Eine kleinere Operation über sich ergehen lassen

28. Sich mit dem Auto abschleppen lassen

29. Alles Mögliche bei eBay einstellen

30. Auf Reha gehen

Eine Stunde im Kopf
meiner Frau

Die guten Neuigkeiten: Sie sind in dieser Elternsache nicht allein, nicht wahr? ODER? Falls Sie alleinerziehend sind, na dann GUTE NACHT! WIE KRIEGEN SIE DAS BLOSS HIN? Geben Sie mir doch bitte Ihre Adresse, dann schicke ich Ihnen ein paar Umarmungen und eine großzügige Spende. Aber auch zu zweit ist das Elterndasein bisweilen nicht ganz einfach, denn man kämpft nicht nur ständig damit, die Kinder zu verstehen, sondern auch den Partner. Ich hab mal aufgeschrieben, was meine Frau im Verlauf von drei Stunden wohl so denken könnte. Ob das nun alles stimmt oder ob es jemandem hilft … Keine Ahnung!

1. Mein Telefon hat ein Geräusch gemacht. Ich hol lieber mal Jason aus der Dusche und frag ihn, was das zu bedeuten hat.

2. Ich frage mich, ob Silas mal ein guter Sänger wird.

3. Ich wäre so gern die GANZE ZEIT draußen.

4. Obwohl, lieber doch nicht. Ich hasse Insekten!

5. Ich finde, Jason braucht dringend eine Jeans in heller Waschung. Seine schwarze Jeans sieht nur mit einem farbigen Hemd gut aus.

6. Ich will Käse!

7. Meine Haare sind bestimmt schon wieder total platt gedrückt. Ich sollte sie ein wenig toupieren.

8. Dann massiere ich meine Schulter eben selbst.

9. Meine Kinder verstehen mich. Ich brauche niemanden sonst, nur meine Kinder!

10. Wieso hab ich bloß noch einen Kaffee getrunken? Jetzt bin ich total hibbelig.

11. Jason trinkt viel zu viel Kaffee. Fühlt der sich die ganze Zeit so wie ich jetzt? Kein Wunder, dass er so launisch ist.

12. Ich finde, Jason sollte aufhören, so viel Kaffee zu trinken.

13. Ob ich wohl je wieder ein Buch lesen werde?

14. Ich will nach L. A. ziehen oder vielleicht auf die Virgin Islands. Oder nach Montana oder Wyoming.

15. Nein, hier ist es schon schön. Ich lebe gerne hier. Doch. Wirklich.

16. Ob Jason unsere Katzen auch so sehr liebt wie ich?

17. Wo ist eigentlich meine Brille?

18. Jason weiß zwar nie, wo meine Brille liegt, aber ich frag ihn trotzdem.

19. Vielleicht haben Einbrecher meine Brille geklaut!!!

20. Oh, da ist sie ja.

21. Ich finde es okay, wenn ein Paar verheiratet ist und trotzdem in getrennten Wohnungen lebt.

22. Ich glaube, Jason würde schon braun werden, wenn er mal rausginge. Ich meine, seine Arme sind doch auch ein bisschen gebräunt, also ...

23. Ob wohl noch Käse im Kühlschrank ist?

24. Jasons lila T-Shirt gefällt mir total gut. Ich sollte ihm sagen, dass es ihm gut steht. Am besten schicke ich ihm gleich eine SMS, sonst vergesse ich's.

25. Ich glaube nicht daran, dass Vitamine so enorm wichtig sein sollen.

26. Ich könnte mich glatt von diesen ganzen Probierhäppchen im Supermarkt ernähren.

27. Jemand hat meine Schlüssel geklaut!!! Oh Gott ... ach nein, da sind sie ja.

28. Ich glaube, dass ich in den Elternbeirat gewählt werde, wenn Silas in die Schule kommt. Schließlich bin ich nicht dumm und hab die richtigen Ansichten.

29. Wann macht eigentlich der Biomarkt morgens auf? Ich hätte so gern noch ein paar von diesen Mini-Quiches.

30. Oje, Silas ist gerade heulend aufgewacht. Ich muss dringend Jason anrufen. Ja, er trifft sich heute mit seinen Kumpels, die er seit acht Monaten nicht mehr gesehen hat. Trotzdem, er soll ruhig wissen, was hier los ist!

31. Ich hätte auch eine gute Bachelorette abgegeben im Fernsehen.

32. Jason hat einen viel besseren Geruchssinn als ich, dafür hört er, glaube ich, nicht so gut.

33. Ich muss ein ernstes Wörtchen mit Jason reden, weil er die Musik auf dem Kopfhörer immer so laut aufdreht.

34. Er ist jetzt gerade auf dem Heimweg von der Stadt, da ruf ich ihn doch gleich mal an und sag ihm das. Oder nein, ich schreib ihm eine SMS. Hoffentlich schreibt er nicht zurück, während er fährt. Wie schnell er wohl fährt?

Was Eltern anstelle von Sch…e und anderen Kraftausdrücken sagen können

Nachdem wir sie gefüttert, getröstet, angekleidet, ihnen etwas Neues beigebracht, mit ihnen gespielt und sie einfach nur geknuddelt haben, verbringen wir die restlichen 37 Prozent unserer Zeit als Eltern damit, uns vor unseren Kindern das S-Wort zu verkneifen. Doch nach fünf vollen Jahren Schlafentzug muss meine Frau gelegentlich ein wenig Dampf ablassen. Da sie eine gute Mutter ist, hat sie sich einen ganz eigenen Wortschatz für Ärger, Frust und Schmerz zugelegt. Hier sind ein paar meiner Lieblingsschöpfungen.

1. »Scheibenkleister«

2. »Scheibenhonig«

3. »Scheibenwischer«

4. »So eine verdummte Scheibe!

5. »Du kannst mich mal am Arm lecken«

6. »So ein Astloch«

7. »Was für ein Hundesohn!« Alternativ: »So ein Hupen-ton!«

8. »Mein lieber Herr Gesangsverein«

9. »Verflixt noch mal!«

10. »So ein blöder Mixer«

11. »Au Backe«

12. »Mann, ist das bescheiden!«

13. Und wenn sie richtig sauer ist: »Ich könnte die ganze Zeit Sch...ubiduh schreien!«

Selbstverständlich hat kein Mensch sich laufend unter Kontrolle, weshalb einem schon auch mal ein Original rausrutschen kann. Das ist auch nicht weiter schlimm, nur sollte man sich anschließend lieber eine kleine Auszeit gönnen.

Hausaufgaben und Nachhilfe

In leistungsorientierten Zeiten wie diesen, in denen die Kids möglichst schon im Kindergartenalter zwei, drei bahnbrechende Erfindungen abliefern sollen, diskutiert man bereits über die optimale Schullaufbahn, bevor das Kind überhaupt auf der Welt ist. Aber ich warne Sie: Es gibt vermutlich keinen sichereren Weg, eine Ehe zu ruinieren, als gemeinsam bei den Hausaufgaben zu helfen oder dem Kind gar Nachhilfe zu geben. Die meisten Eltern sind sich ja noch nicht mal darin einig, wie oft ein Kind baden soll – wie soll das erst werden, wenn man die Fotosynthese erklären muss? Wenn also nicht wenigstens einer von Ihnen in einem Lehrberuf tätig ist, sollten Sie das besser vermeiden und jemand anderen dafür bezahlen. Hier noch ein paar gute Gründe, die dafür sprechen.

1. Ich musste kürzlich das Wort »Parallelogramm« googeln.

2. Ich habe fünf Anläufe gebraucht, bis Google überhaupt erkannt hat, was ich da zu schreiben versuchte.

3. Meine Frau denkt, ein Trapez ist eine Art Dreieck. (Ist es das?)

4. Ich verlaufe mich regelmäßig im Einkaufszentrum.

5. Meine Frau glaubt an Astrologie, kann aber nicht erklären, weshalb Feuer heiß ist.

6. Ich konnte noch nie lesbar Schreibschrift schreiben.

7. Meine Frau hat kürzlich gesagt: »Also, Silas, um bis hundert zu zählen, zählst du einfach zehn, zwanzig, dreißig, vierzig, fünfzig, sechzig, siebzig, achtzig, neunzig und dann noch ein paar Zahlen dazwischen.«

8. Ich bin fast mal sitzengeblieben.

9. Meine Frau denkt, Archimedes und Aristoteles sind ein und dieselbe Person.

10. Ich weiß nicht; wie man ein Semikolon richtig verwendet.

11. Keiner von uns weiß, warum Pipi gelb ist.

12. Keiner von uns hat in den letzten sechs Jahren ein Buch gelesen.

13. Wir wissen nicht, woher das Salz im Meer kommt.

14. Meine Frau meinte kürzlich: »Ägypten … das ist doch in Afrika, oder?« Ein Lehrer sollte sich in diesem Punkt absolut sicher sein.

15. Tümmler oder Delfin? Keine Ahnung, was der Unterschied sein soll.

Wie man merkt, dass sie einen über den Durst getrunken hat

Wir alle müssen uns hin und wieder mal von allem losmachen. Vermutlich trinken Sie inzwischen längst nicht mehr so viel wie früher, bevor Sie Kinder hatten (wenn das auf Sie nicht zutrifft, auch cool) und geben auf sich acht, wenn Sie auf die Piste gehen. Aber es kommt eben doch ab und an mal vor, dass die Dinge etwas aus dem Ruder laufen. Im Folgenden ein paar sichere Anzeichen dafür, dass Ihre Frau beim Mädelsabend einen Cocktail zu viel bestellt hat.

1. Sie starrt hoch zum Mond und jammert: »Ich krieg die ganze Nacht kein Auge zu, deshalb bin ich tagsüber manchmal ein bisschen gereizt. Wenn dir das nicht gefällt, dann kannst du mich mal!«

2. Sie heult, ist aber nicht traurig.

3. Sie will Sex, aber Sie haben Angst vor ihr.

4. Sie will ihre beste Freundin aus der Schulzeit anrufen.

5. Sie möchte den Trickfilm anschauen, den sie so gern mochte, als sie fünf war.

Sie wirft Ihnen vor, ihr gar nicht richtig zuzuhören, und ehe Sie etwas erwidern können, ruft sie schon ihre beste Freundin aus der Schulzeit an.

Sie hat seit dreißig Sekunden kein Wort mehr über die Kinder verloren.

Als Sie die Kinder erwähnen, reagiert sie mit: »Wer? Ach so, ja, DIE!«

Sie sagt (Originalzitat!): »Manchmal träume ich, dass ich einen Tiger habe, der aber zahm wie ein Kätzchen ist.«

Sie versucht, um zwei Uhr nachts Crêpes zu machen.

Schlafen
mit Schuldgefühlen

Eltern ist ein kleines Nickerchen zwischendurch leider nicht vergönnt, und wenn es dann doch passiert, führt dies oft zu emotionalen Verwicklungen. Ich bin mal ganze zwei Stunden weggenickt, während meine Frau beide Kinder bei Laune hielt (einer von beiden war noch ein Baby und schrie ununterbrochen, weil er schreckliche Blähungen hatte). Im Folgenden finden Sie in chronologischer Ordnung meine Gedanken beim Aufwachen.

1. O Gott, das war wunderb... Moment mal.

2. O nein, das waren ja ganze zwei Stunden!

3. Das kann nicht sein. Unmöglich.

4. Jetzt hab ich Angst, überhaupt aufzustehen.

5. Sie hat noch nie einfach tagsüber geschlafen.

6. Ich hör gar keinen Lärm von unten. Ist sie mit den Kindern nach Frankreich abgehauen, weil ich am helllichten Tag weggepennt bin?

7. Okay, ich entspanne mich jetzt. Ich werde mich einfach irgendwann revanchieren.

8. Oh, heute ist ja auch noch Sonntag – Familientag!

9. O nein, jetzt kommt jemand die Treppe hoch.

10. Soll ich so tun, als würde ich noch schlafen, oder steh ich jetzt ganz schnell auf?

11. Ich sag einfach, ich bin krank.

12. Nein! Was solls! Das Nickerchen hab ich mir verdient!

13. Nein, hab ich nicht.

Wie man seinem Partner das Leben schwer macht

Der Partner ist die Person, mit der man die schlimmste, aber auch lohnenswerteste Aufgabe im Leben teilt. Daher braucht er oder sie die Bestätigung, dass man sich um ihn oder sie sorgt. Im Folgenden ein paar Dinge, die man dabei fürchterlich falsch machen kann. Vieles davon hat für beide Beteiligten Nachwirkungen.

1. Sich erkälten

2. Zum Friseur gehen

3. Sich mit einem Freund treffen

4. Das Essen der Kinder wegfuttern (Achtung, Scheidungs-grund!)

5. Auf Netflix die neueste Folge einer Serie gucken, die man sich eigentlich gemeinsam ansehen wollte

6. Sich ein neues Hobby zulegen

7. Sich besaufen

8. Dem Alkohol komplett abschwören

9. Ausgiebig duschen

10. Einen Dreijährigen nach 15 Uhr noch ein Nickerchen machen lassen

11. Vor den Kindern ins Bett gehen

12. Den Kindern sagen, dass sie nicht mehr fernsehen dürfen, und dann zur Arbeit verschwinden

13. Sich verletzen

14. An einem Tag, an dem man nicht mit dem Zu-Bett-Bringen dran ist, das Kind nach sieben Uhr abends noch Schokolade essen lassen

15. Dem Kind Schuhe kaufen … mit Schnürsenkeln!

16. Dem Kind das Pfeifen beibringen

17. Dem Kind beibringen, wie man sich einen Internet-radiosender einrichtet

18. Dem Kind beibringen, wie man den Fernseher lauter stellt

19. Den Kindern gegenüber erwähnen, dass man möglicherweise, vielleicht, aber wirklich nur vielleicht ein Eis essen gehen wird, und zwar sieben Stunden, bevor es okay ist, ein Eis essen zu gehen

Wie man die Magie wachhält

Viel zu leicht vergisst man die eigene Beziehung, wenn man ständig damit beschäftigt ist, sich um die Bedürfnisse der Kinder zu kümmern. Aber Sie wissen ja, was man so sagt: glückliche Eltern, glückliche Kinder. Wenn man eine Beziehung vernachlässigt (wie ich dieses Wort hasse – eine Ehe ist doch kein kleines Hündchen), dann geht man früher oder später auseinander, und dann muss man das alles ganz alleine durchstehen, und das will ja wohl keiner. Also sehen Sie zu, dass Sie die Magie zwischen Ihnen und Ihrem Seelenverwandten am Leben erhalten.

Dazu ein paar Ratschläge.

1. Planen Sie Sex, bleiben Sie dabei aber realistisch. Versuchen Sie es mit einmal pro Woche (Donnerstage sind in der Regel gut). Und halten Sie sich an diesen Zeitplan, *ganz gleich, was auch passiert*! Es sei denn natürlich, Sie sind zu müde.

2. Gehen Sie schon um fünf Uhr abends zum Essen aus, damit Ihr Babysitter die Kinder nicht ins Bett bringen muss. Auch in einem leeren Restaurant kann man Spaß haben.

3. Schlafen Sie in getrennten Betten. Klingt komisch, oder? Aber sehen Sie es doch mal so, als Eltern haben Sie nachts (oder am frühen Morgen) sowieso keinen Sex. Und wenn dann Donnerstag ist, fühlt es sich so an, als würden Sie es im Hotel treiben (zumindest für einen von Ihnen). Das ist ja wohl ganz schön sexy, oder? Ach, was weiß ich.

4. Lesen Sie sich gegenseitig Gedichte vor. Nee, war nur ein Scherz.

5. Das Folgende kann ich gar nicht genug betonen: Paare bleiben in erster Linie zusammen, weil sie die gleichen Sendungen im Fernsehen mögen.

6. Für die Männer: Kauft Blumen. Ich weiß, ich weiß. Jetzt hört mir doch erst mal zu, ich hab ja auch keinen Schimmer, weshalb das so zuverlässig funktioniert, aber es ist nun mal so. Denkt nicht allzu lange drüber nach. Tut es einfach.

7. Für die Frauen: Vergesst den Donnerstag nicht, der ist uns heilig. Außerdem solltet ihr uns Socken kaufen; so haben wir das Gefühl, dass man sich um uns sorgt. Nein, ich kann nicht erklären, wieso das so ist. Oh, und wenn wir im Bad sind, fragt bitte nicht, ob wir bald fertig sind …

Lächerliche
Entschuldigungen

Eines, was Sie als Teil eines Elternpaares nie vergessen
dürfen, ist die Tatsache, dass Sie an allem schuld sind.
Nehmen Sie es einfach hin, und entschuldigen Sie sich.
Zum Beispiel für die folgenden Vergehen:

1. Ich habe deinen Fuß beim Massieren falsch angefasst.

2. Ich habe vor deinem Sohn, seiner Lehrerin und deren
   Mutter »Scheiße« gesagt.

3. Ich hab auf deine Frage, wieso das blöde YouTube-Video
   nicht lädt, mit »Woher soll ich das denn bitte wissen?«
   geantwortet.

4. Ich hab zu laut auf den Chips rumgekaut.

5. Ich hab mich über den Ziegenkäse lustig gemacht, den
   du jeden Abend isst, weil er wie der Fuß eines Bauern
   im Mittelalter riecht.

6. Ich habe den Stecker an einem deiner Ohrringe ver-
   bogen, als ich damit die SIM-Karte aus deinem Handy
   rausholen wollte.

7. Die Fernbedienung scheint sich nicht mittels Telepathie
   bedienen zu lassen.

8. Der Teppich, den ich für die Terrasse gekauft habe, passt wider Erwarten nicht optimal zum Magnolienstrauch.

9. Ich deponiere meine gebrauchten Wattestäbchen nicht in der hübschen Keramikschale, die du mir liebenswerterweise auf den Schreibtisch gestellt hast mit der Nachricht »Leg deine ekligen Wattestäbchen hier rein, Jason«.

Vaterpflichten im 21. Jahrhundert

Einiges am Vatersein ändert sich nie. Ein Vater wird immer in der Verantwortung stehen, das Abendessen zu erlegen und seine Familie vor bewaffneten, brandschatzenden Diebesbanden zu beschützen. Na schön, daneben gibt's auch noch ein bisschen Kleinkram.

1. Sachen neu starten

2. Sachen synchronisieren

3. Sachen heben

4. Andere Leute überreden, Sachen zu heben

5. Mit starker Lunge das Essen auf die richtige Temperatur pusten

6. Rasen mähen (Mal ehrlich, ich habe noch nie eine Frau beim Rasenmähen gesehen. Allein der Gedanke bringt einen doch zum Lachen, ich weiß auch nicht, warum.)

7. Sachen töten (Käfer, Insekten)

8. Verstopfungen beseitigen (Toilette)

9. Sachen tragen (Kinder, Einkäufe ... na gut, das wars auch schon)

10. Sachen reparieren (nur elektronische Geräte)

11. Leute anwerben, die den ganzen Rest reparieren

12. Mit den Leuten reden, die alles andere reparieren sollen

13. Tanken

14. Grillen (Genau wie beim Rasenmähen habe ich noch nie eine Frau am Grill stehen sehen.)

15. Ans Telefon gehen, wenn der Anrufer unbekannt ist

16. Sachen schneiden (Sonntagsbraten, Hecke usw.)

17. Seltsamen Geräuschen nach acht Uhr abends auf den Grund gehen

18. Die Polizei rufen (weil man ein zu großer Schisser ist, mitten in der Nacht einem Geräusch nachzugehen)

Vierzehn mit vierzig

Wenn Sie schon in jungen Jahren Eltern geworden sind, dann Gratulation; Sie haben alles richtig gemacht. Sie haben Kinder bekommen, ehe Sie zu träge wurden, um sie wirklich zu schätzen zu wissen. Meine Frau und ich haben unser erstes Kind erst mit sechsunddreißig und fünfunddreißig bekommen. Jetzt, da wir beide über vierzig sind und unsere Kinder voller Energie, wünschten wir uns oftmals, wir ... Warten Sie mal, meine Frau würde gerne was sagen:

»DAS IST ALLES JASONS SCHULD, WEIL ER NÄMLICH FÜNF JAHRE GEBRAUCHT HAT, UM MIR EINEN ANTRAG ZU MACHEN. WIR HÄTTEN DAS ALLES SCHON VIEL FRÜHER HINTER UNS BRI...«

Okay, sorry. Sie ist wieder weg.

Ich habe vierzehn Dinge aufgeschrieben, die ich mit vierzig über mich weiß, mit dreißig aber noch nicht ahnte. Ich hoffe, dass ich damit denjenigen helfen kann, die immer noch durch den Wald der Erkenntnis irren (was auch immer das heißen mag).

1. Ich kann gelegentlich Sandalen tragen, ohne dass ich mich wie ein typischer Sandalenträger fühle.

2. Mit Bart-Experimenten habe ich endgültig abgeschlossen.

3. Eine Umarmung von einem meiner Söhne ist das Einzige, das die Zeit anzuhalten vermag.

4. Ich bin nicht Zen genug, um die Regeln des Zens zu verstehen.

5. Echte Männer setzen sich zum Pinkeln hin.

6. Egal, wie alt ich bin, wenn ich sterbe, irgendwo am Körper werde ich einen Pickel haben.

7. Meine Frau liebt mich heiß und innig, aber ab und an würde sie mich am liebsten umbringen.

8. Ich gebe dem Teetrinken jetzt noch eine Chance, dann war's das.

9. Ich bin nicht unbedingt unentschlossen; es gibt bloß viel zu viele Möglichkeiten.

10. Glück ist nichts, was man sich zum Ziel setzen kann. Es ist lediglich ein Nebenprodukt, wenn man etwas tut, das man gerne macht.

11. Es ist okay, jemanden allein aufgrund seines Namens doof zu finden.

12. Ich werde nie im Leben zum Stoffhosenträger.

13. Whiskey schmeckt aus gutem Grund nicht sonderlich.

14. In zehn Jahren lache ich über diese Liste, wenn mein grauer Schnurrbart vom Tee ganz braun geworden ist und ich meine Stoffhosen bügle.

Mama ist die Beste

Ich bin immer wieder erstaunt und voller Bewunderung,
wie meine Frau in diesem Irrenhaus Haltung bewahrt.
Vielleicht liegt es ja an einem bestimmten Hormon,
das Frauen freisetzen, oder sie ist einfach von
Natur aus etwas Besonderes. Wie auch immer, die
folgenden Dinge hauen mich immer wieder um.

1. Ihre Geduld

2. Ihre Zuversicht

3. Ihre Beharrlichkeit

4. Mit welch rasanter Geschwindigkeit sie ein Sandwich
   zubereiten kann

5. Dass sie immer die richtigen Worte findet, wenn eins
   der Kinder traurig ist

6. Wie schnell sie ihre schlechte Laune ablegt

7. Dass sie nicht sauer wird, wenn ich ihr Süßigkeiten-
   depot plündere

8. Dass sie es schafft, keinen Ton zu sagen, wenn ich ein
   Teil von Ikea falsch zusammenbaue

9. Ihr Sinn für Humor

10. Dass sie auch über sich selbst lachen kann

11. Wie viel sie aufgegeben hat und wie sehr sie zu schätzen weiß, was sie stattdessen bekommen hat

12. Dass sie an mich als Autor geglaubt hat

13. Dass die witzigsten Passagen in diesem Buch zu einem Großteil von ihr stammen

14. Dass diese Liste hier sie zu Tränen rührt (Daumen drücken … ja, hat geklappt!)

Ansprüche runterschrauben

Ihr Zuhause sollte exakt das sein, was es ist:
ein Abschreckprogramm für zukünftige
Eltern. Öffnen Sie allen Paaren Ihre Türen,
die mit dem Gedanken spielen, eigene Kinder
zu haben. Sie sollen ruhig wissen,
worauf sie sich einlassen und dass allen
Bemühungen zum Trotz auch ihr Kind
irgendwann nackt am Boden sitzen und
Joghurt mit den Händen in sich
reinschaufeln wird.

Ein Loblied
auf Feuchttücher

Mit einem Baby halten unweigerlich feuchte Tücher Einzug in Ihren Haushalt – und Ihr Leben. Würde mir jemand verbieten, täglich eine Packung feuchte Tücher zu verbrauchen, könnte ich genauso gut gleich sterben. Wir haben in jedem Zimmer eine Box rumstehen und nutzen sie auch, und zwar keineswegs nur, um Kinderpopos damit abzuwischen. Man kann so viele nützliche Dinge mit Feuchttüchern tun!

1. Fettflecken vom Telefon abwischen

2. Insekten zerquetschen

3. Abziehtattoos anfeuchten

4. Die Griffe an der Kühlschranktür reinigen

5. Aufgeweichte Kekse vom Boden kratzen

6. Sich selbst schnell mal »frischmachen«

7. Die Staubschicht von einem Würstchen entfernen

8. Rotz von der Fensterscheibe wischen

9. Rotz vom iPad wischen

10. Flecken von der Jeans wischen

11. Geschmolzenen Käse von einem Käsesandwich entfernen

12. Erdnussbutter von einem Erdnussbuttersandwich entfernen

13. Käse und Erdnussbutter von Socken abwischen

14. Kotze vom Schuh wischen

15. Eine Rosine von der Schuhsohle kratzen

16. Jemandem einen Schuhabdruck aus dem Gesicht wischen

Wenn Zuhören unmöglich wird

Kinder reden unaufhörlich und tun dies in der Regel auch ohne Rücksicht darauf, ob wir sie hören oder nicht. Hier habe ich eine Liste all jener Dinge zusammengestellt, die Sie jederzeit aus dem Nebenraum brüllen können, wenn Sie nicht genau verstanden haben, was Ihr Nachwuchs gesagt hat – weil Sie womöglich gerade damit beschäftigt waren, Ihr Haustier wiederzubeleben oder einfach einen wohltuenden Moment der Ruhe genießen wollten. Ihre Antwort mag die Kleinen womöglich verwirren, weil sie vielleicht unlogisch ist. Aber zumindest erwirken Sie sich so einen kleinen Aufschub.

1. Ach, das? Ich glaub, das ist kaputt, oder Mami hat es verloren.

2. Hab schon davon gehört!

3. SUPER DUPER, PUPSIBÄR, MÄUSEZÄHNCHEN, STINKERCHEN! (Sie verstehen, worauf ich hinauswill.)

4. Hast du schon wieder die Füße auf dem Tisch? Cool.

5. Okay! Aber lass mich erst meine Tabletten nehmen.

6. Nein, das ist nicht zu heiß. Iss es einfach.

7. Nicht klopfen und nicht hämmern.

8. Wir haben keine passenden Batterien dafür.

9. Oh, oh. Das klingt aber gar nicht gut.

10. Ich sitze auf dem Klo! (Natürlich muss man dazu nicht zwingend wirklich auf dem Klo sitzen. Ist den Kids ja eh egal.)

11. Nein, fass das nicht an.

12. Okay, zieh die Schuhe aus.

13. Klar! Aber erst Schuhe anziehen!

14. Cool! Aber nicht essen.

15. Na, wenn es nach Essen riecht, ist es vermutlich auch Essen.

16. Ich kann jetzt grad nicht. Es brennt.

17. Okay, wasch dir aber vorher die Hände.

18. Sekunde, bin fast fertig mit Kotzen.

19. Frag Mama!

Ich hoffe, Sie finden das Passende. Ach so, und noch gute Neuigkeiten für die Frauen unter Ihnen: Die meisten Antworten funktionieren auch ganz gut bei Ehemännern.

Morgenstund hat Gold im Mund

Wenn Sie gern dabei zusehen, wie andere Leute verzweifelt versuchen, ihren Alltag auf die Reihe zu kriegen, dann darf ich Sie in meinem Zuhause an einem besonders hektischen Wochentag willkommen heißen.

KINDERZIMMER 1, früh am Morgen: Jason (Papa) schläft allein auf einer Matratze auf dem Boden eines schmucklosen Zimmers.

ELTERNSCHLAFZIMMER: Lindsay (Mama) schlummert im King-Size-Bett. Neben ihr ein schlafendes Kleinkind (Arlo). Sein Fuß ruht auf der Wange seiner Mutter.

KINDERZIMMER 2: Silas (ein niedlicher Fünfjähriger) öffnet und schließt die Schubladen an seinem Kleiderschrank auf eine Weise, die deutlich macht, dass er möglichst viel Lärm produzieren will.

SILAS (brüllt): Daddy! Wo ist mein blaues T-Shirt mit den lustigen Tintenfischen drauf?!??!!

ZURÜCK IN KINDERZIMMER 1: Jason rührt sich und murmelt etwas Unverständliches vor sich hin. Langsam schlägt er die Augen auf.

JASON: Das ist in der Wäsche, zieh was anderes an.

SILAS (aus KINDERZIMMER 2): Aber ich will das anziehen!

KINDERZIMMER 1: Jason rollt von der Matratze runter, greift nach dem Telefon, um auf die Uhr zu sehen, und stößt entnervt die Luft aus.

WECHSEL ZUM ELTERNSCHLAFZIMMER: Lindsay schläft immer noch, obwohl Arlo mittlerweile wild auf dem Bett auf und ab springt.

ARLO: Mami, Mami, Mami …

WECHSEL IN DIE KÜCHE: Sekunden später – Familie Good ist aufgestanden, nun ist es an der Zeit, das Frühstück vorzubereiten. Silas sitzt am Küchentisch. Jason, Haare wild zerzaust, in Jeans, mit freiem Oberkörper und barfuß, lehnt am Tresen und stürzt einen Kaffee runter. Von oben hören wir Arlo.

ARLO: NEIN! WILL WINDEL NICH WESELN!

SILAS: Papa, ich will ein Ei, wo der gelbe Teil weich ist.

ARLO (von oben): GLÜNE SOCKEN!

LINDSAY (ebenfalls von oben): Jason, hast du Arlos grüne Socken gesehen?

JASON (brüllt): NEIN!

SILAS (sieht zu, wie ein Paar Socken in Regenbogenfarben und eine zusammengerollte volle Windel die Treppe runtergekullert kommen): Papa, ich hab gesagt, ich will ein Ei.

ARLO (immer noch im Schlafanzug auf Lindsays Hüfte sitzend): GLÜNE SOCKEN!

LINDSAY: Arlo, ich weiß nicht, wo deine grünen Socken sind!

SILAS: EI!

LINDSAY: Meine Güte, schon gut. Jason, kannst du das Pausenbrot für Silas vorbereiten? Ach ja, und nimm die Brotdose mit den Elefanten drauf, nicht die mit den Pandabären.

SILAS: Genau, Daddy, die mit den Elefanten. Pack auch einen Joghurt rein. Aber keinen Bananenjoghurt, ich will einen anderen.

JASON (tritt an den Kühlschrank und stolpert auf dem Weg dorthin über ein Spielzeug. Er öffnet die Kühlschranktür, findet aber keinen Joghurt): Wir haben keinen …

LINDSAY (fällt Jason ins Wort): Ach, vergiss es. Ich mach das schon. Such du lieber nach Arlos Socken.

JASON (irrt ziellos und leicht benommen durch die Gegend): Ich schätze, die liegen im Auto.

LINDSAY: Hm, okay. Dann such ich die grünen Socken. Kümmere du dich um das Pausenbrot. Oh, und pack ihm auch Äpfel und Trauben ein. Du weißt doch, er muss Obst essen wegen seiner Verdauung.

SILAS: Aber was ist denn jetzt mit meinem Ei? Ich bin am Verhungern!

JASON: Ich versuch hier gerade deine Brotdose vorzubereiten.

LINDSAY (unterbricht Jason): Komm, lass. Ich mach das mit der Brotdose, du kochst ihm ein Ei.

ARLO: WILL MEINE GLÜNEN SOCKEN!

SILAS: Daddy, ich glaub, Arlo will seine grünen Socken (schlendert ins Wohnzimmer, um ein Puzzle zu machen).

JASON: Ja, hab ich schon kapiert. Danke, Kumpel. Wir müssen in fünf Minuten los zur Schule.

ARLO: Nein, Silas! Das Arlos Puzzle!

LINDSAY: Silas, hörst du bitte auf, mit Arlos Puzzle zu spielen, und ziehst dir stattdessen deine Schuhe an?

SILAS: Menno!

JASON: Willst du jetzt dein Ei?

WECHSEL IN DEN WINTERGARTEN: Arlo läuft hin und her, drei Puzzleteile in der Hand, und singt »glüne Socken, glüne Socken«.

WECHSEL ZUR TÜR: Silas und Jason sind fertig für den Aufbruch. Jason hält ein Ei in der Hand, das sich Silas mit einem Löffel in den Mund schaufelt.

LINDSAY: Ihr kommt noch zu spät!

15 MINUTEN SPÄTER: Jason, der Silas endlich zur Schule gebracht hat, kehrt zurück. Alles ist ruhig, und Arlo trägt seine grünen Socken.

BILDSCHIRMEINBLENDUNG: Es ist acht Uhr dreißig.

ENDE.

Wie man einem Kind erfolgreich droht

Das Entscheidende ist, dass jede Art der Bestrafung für das Kind darin besteht, dass man ihm etwas entzieht, das es gerne mag – ob das nun freie Zeit, die Malsachen, das Quälen des kleinen Bruders oder eine Fernsehsendung ist, spielt keine Rolle. Natürlich ist das alles auch eine Bestrafung für einen selber, denn wenn die Kinder mit etwas beschäftigt sind, das sie gerne tun, wird man dafür mit Ruhe und Frieden belohnt. Im Folgenden finden Sie einige Fehler, die ich in diesem Zusammenhang begangen habe, und ein paar Tipps, wie man es besser hätte machen können.

DROHUNG 1: »Wenn du jetzt noch ein Mal fragst, ob du fernsehen darfst, werfe ich den Fernseher aus dem Fenster.«

PROBLEM: Tja, wo fange ich da bloß an. Erstens: Was würde ich selbst ohne Fernseher tun? Und zweitens: Ich lebe in einer guten Gegend, wenn man da was aus dem Fenster wirft, zieht man den Hass der Nachbarn auf sich.

VERBESSERUNGSVORSCHLAG: »Wenn du jetzt noch ein Mal fragst, ob du fernsehen darfst, gehe ich in die Küche und esse so lange Kekse, bis ich mich entschieden habe, ob ich dich vom Fernsehen ablenken soll, indem ich begeistert eine Runde Memory vorschlage!«

DROHUNG 2: »Putz dir die Zähne, sonst werden sie irgendwann grün.«

PROBLEM: Kinder kümmert es nicht die Bohne, was die Zukunft so bringt, es sei denn, man meint mit »Zukunft« die nächsten acht Sekunden.

VERBESSERUNGSVORSCHLAG: »Putz dir die Zähne, sonst bildet sich so ein komischer oranger Belag darauf. Schau dir die Zähne von deinem kleinen Bruder an. Siehst du das eklige Zeug da drauf? Der hat das, weil er erst drei ist und losschreit, sobald eine Zahnbürste auch nur im selben Raum ist wie er. Außerdem, wenn du sie dir nicht putzt, musst du zum Zahnarzt, und auch wenn ich behauptet habe, dass es in seiner Praxis *super cool* und *super lustig* ist und dass man da *Aufkleber* und all so was kriegt, tut es eigentlich ziemlich weh, da willst du garantiert nicht hin.«

DROHUNG 3: »Entweder du ziehst dir jetzt sofort was an, oder du läufst den Rest deines Lebens nackt rum.«

PROBLEM: Wenn man sein Kind nackt rumlaufen lässt, ist das so was wie ein rotes Tuch für die Leute vom Jugendamt. Außerdem bricht es einem das Herz, wenn sie einen nach zehn Tagen anbetteln, sich was anziehen zu dürfen.

VERBESSERUNGSVORSCHLAG: »Entweder du ziehst jetzt sofort was an, oder ich werde total schweigsam und traurig und starre aus dem Fenster, bis du mich fragst, ob bei mir alles okay ist.«

DROHUNG 4: »Wenn du mich jetzt nicht sofort deine Fingernägel schneiden lässt, dann schlitzt du dir damit noch das Gesicht auf.«

PROBLEM: Mein Dreijähriger denkt jetzt, seine Hände wären gefährliche Waffen, findet das toll und lässt sich die Nägel überhaupt nicht mehr schneiden.

VERBESSERUNGSVORSCHLAG: »Ich würde dir gern die Fingernägel schneiden. Meine eigenen kaue ich ständig ab, bis nichts mehr zum Abkauen übrig ist. Und jedes Mal, wenn ich deine wunderschönen, jugendlich weißen langen Fingernägel sehe, träume ich davon, sie dir abzukauen, wenn du schläfst. Darauf bin ich beileibe nicht stolz, und mir ist auch klar, dass das nicht okay ist, aber zum Glück gibt es ja eine einfache Lösung – schneiden!«

DROHUNG 5: »Wenn du jetzt nicht aufhörst zu heulen, heule ich mit.«

PROBLEM: Ich kann nicht auf Kommando losflennen, für den Fall also, dass er auf meinen Bluff nicht hereinfällt, werde ich schön blöd dastehen und ihn bloß anstarren, oder schlimmer noch, ich werde so tun, als würde ich heulen. Das Einzige, das für ein Kind noch schlimmer ist, als seinen Vater heulen zu sehen, ist festzustellen, was für ein jämmerlicher Schauspieler er ist. »Daddy, weinst du wirklich so? Du siehst bescheuert aus.« Ich: »Klar weine ich wirklich so. Sieht es denn nicht echt aus?«

VERBESSERUNGSVORSCHLAG: »Wenn du jetzt nicht aufhörst zu heulen, frage ich dich wieder und wieder, warum du weinst, auch wenn du gerade gar nicht genug Luft kriegst, um mir zu antworten. Und dann halte ich dich in den Armen und sage Sachen wie: ›Alles wird gut, mein Süßer‹. Nur dass ich dabei die Augen verdrehe, weil es nämlich absolut lächerlich ist, eine Viertelstunde lang so ein Theater zu machen, weil die Katze einem auf den Fuß getreten ist.«

DROHUNG 6: »**Wenn du mit schmutzigen Füßen ins Bett gehst, wachsen dir über Nacht Pilze zwischen den Zehen.**«

PROBLEM: Silas ist erst fünf, und wie die meisten Kinder in seinem Alter findet er kaum etwas ekliger als Pilze. Nach dieser Drohung muss ich Angst haben, dass er anfängt, sich so besessen die Füße zu waschen, als würde er sich auf das Nachmittagsgebet am Ganges vorbereiten.

VERBESSERUNGSVORSCHLAG: »Wenn du mit schmutzigen Füßen ins Bett gehst, wirst du … ach, weißt du was? Es ist völlig egal. In Wirklichkeit fühle ich mich hier nur ab und an ein klein wenig überflüssig, und eins der wenigen Dinge, die ich an Nützlichem beitragen kann, ist, dich sauber zu halten. Also, wenn du ins Bett gehst, dann habe ich nicht das Gefühl, ein guter Vater zu sein, wenn du dir deine Füße nicht … warte mal, bist du überhaupt noch wach?«

Erziehung des Erstgeborenen im Vergleich zu der des Zweitgeborenen[4]

Beim ersten Kind hatten wir immer noch Kraft und Hoffnung. Wir wollten ihm die beste Erziehung bieten, die man sich vorstellen kann. Doch dann kam das zweite Kind, und alles ging den Bach runter. Uns wurde außerdem klar, dass diese ganze unglaubliche Erziehungsarbeit, die wir leisteten, so überflüssig war wie parfümierte Müllbeutel.

Ernährung

ERSTES KIND: Selbst gemachter Babybrei aus ökologisch einwandfreien und ernährungsphysiologisch wertvollen Zutaten. Fenchel! Spinat! Süßkartoffeln!

ZWEITES KIND: Kekse

---

4 Oder des Dritt-, Viert- oder ... wie, Sie haben fünf Kinder? Um Himmels Willen, was ist denn mit Ihnen los?

Schlafen

ERSTES KIND: In einer Wiege, die Papa selbst zusammengebaut hat, während Mama ihn anbrüllte

ZWEITES KIND: Bei Mama im Bett. Papa hat jetzt sein eigenes Zimmer mit einer von schmutzigen Socken umrahmten Matratze auf dem Boden.

Kleidung

ERSTES KIND: Hundert Prozent Bio-Baumwolle. Ein paar Teile waren womöglich sogar aus Bambus ...

ZWEITES KIND: Die abgelegten Klamotten des großen Bruders

Geburtstagspartys

ERSTES KIND: Im Garten mit Zauberer und Ponyreiten und Catering

ZWEITES KIND: Pizza aus dem Karton auf dem Fußboden

Baden

ERSTES KIND: Jeden zweiten Abend in einer Spezialbadewanne, die genau die richtige Größe hatte. Ganzkörperwaschung mit weichem Tuch oder seidigem Schwamm

ZWEITES KIND: Zweimal die Woche. Planschbecken gilt auch.

Bettgehritual

ERSTES KIND: Liebevoll eingepackt in die Puckdecke. Walfischtöne vom Band. Schlafenszeit neunzehn Uhr dreißig.

ZWEITES KIND: Schlief gegen dreiundzwanzig Uhr mit Mamas Brustwarze im Mund auf dem Sofa ein.

Freunde

ERSTES KIND: Krabbelgruppen, Mama-Kind-Treffen im Park
ZWEITES KIND: Die Freunde des großen Bruders

Spielzeug

ERSTES KIND: Handgefertigt, vorrangig aus Skandinavien und aus FSC-zertifiziertem Holz
ZWEITES KIND: Papier, Wachsmalstifte, die Schachteln, in denen das Spielzeug des großen Bruders verpackt war.

Fernsehregeln

ERSTES KIND: Ausschließlich *Baby Einstein* oder *Sesamstraße*. Jeden zweiten Tag eine Folge à 23 Minuten Länge.
ZWEITES KIND: Hat eigenen Netflix-Account

Babysitter

ERSTES KIND: Eine wunderbare Frau namens Sarah, die er liebt und für den Rest seines Lebens schätzen wird.
ZWEITES KIND: Hat keinen. Wir gehen nicht mehr aus.

Schuhe

ERSTES KIND: Irgendwas Unaussprechliches, Hauptsache öko und aus Skandinavien
ZWEITES KIND: Alte abgeranzte Öko-Schuhe aus Skandinavien, bei denen die Innensohle fehlt

Töpfchen-Training

ERSTES KIND: Erst Windeln, dann Windelslips, dann Trainingsunterwäsche, dann richtige Unterwäsche (aus Bio-Baumwolle, versteht sich)

ZWEITES KIND: Kackt vermutlich bis zum College in die Windeln

Und wissen Sie, was das Interessanteste ist? Sie sind beide großartig!

Was nervige Eltern sagen …
und die Wahrheit dahinter

Seien wir ehrlich: Überambitionierte Eltern
nerven einfach. Statt die lustige Geschichte zu erzählen,
wie ihre Tochter auf ihre Wüstenrennmaus gekotzt hat,
texten sie einen stundenlang damit zu, wie toll die Kleine
doch das R rollt, wenn sie spanisch spricht. Im Folgenden
finden Sie die groteskesten Angebereltern-Kommentare,
die mir bislang untergekommen sind – und was
(so vermute ich) tatsächlich dahintersteckt.

»Mein Sohn liebt rohen Mangold.«

DIE WAHRHEIT: Er hat ihn ein einziges Mal aus Versehen gegessen, weil er glaubte, es handele sich um eine besonders
lustig aussehende Süßigkeit. Danach hat er sich in den
Schlaf geflennt, während der Vater seinen Facebook-Status
abänderte auf »BAXTER LIEBT MANGOLD«.

»Unsere Kinder hassen Fernsehen. Wir haben noch nicht mal einen Fernseher zu Hause!«

DIE WAHRHEIT: Die Kinder dieser Leute ziehen sich am laufenden Band Filme auf dem Computer oder iPad rein. Vielleicht sogar mehr, als wenn ein Fernseher im Haus wäre.

»Das Lieblingsland unseres Sohnes ist Serbien.«

DIE WAHRHEIT: Er hat ein einziges Mal von Serbien gesprochen, meinte aber in Wirklichkeit Sibirien, weil er sich gerade (auf dem iPad) eine Folge von *Super Friends* angesehen hatte, in der Lex Luthor Superman in einem sibirischen Eisblock einsperrt. Das liebste Land dieses Kindes ist: »Keine Ahnung. Ist ein Land das Gleiche wie ein Berg? Weil mein Lieblingsberg ist nämlich Kanada.«

»Also, wir haben kürzlich rausgefunden, dass Gluten ... blahblah ... Blähungen ... Intelligenzquotient ...«

('tschuldigung, aber in der Regel verliere ich sofort das Interesse, wenn ich was von Gluten höre.)

DIE WAHRHEIT: Die Eltern leiden an einer Glutenunverträglichkeit oder glauben das zumindest, deshalb wollen sie das Zeug nicht im Haus haben, weil sie sich selbst nicht über den Weg trauen. Vielleicht bin ich sogar allergisch gegen Gluten, häufige Blähungen und ständige Müdigkeit hab ich jedenfalls vorzuweisen, aber ich mag Brot einfach viel zu gern, um das je herausfinden zu wollen. Klar wird sich mein Karma jetzt für diesen Witz rächen, indem mindestens eines meiner Kinder eine Glutenunverträglichkeit entwickeln wird und ich selbst zu dieser Sorte Elterntyp werde, über die ich mich hier lustig mache.

»Ihr solltet auf Stoffwindeln umsteigen.«

DIE WAHRHEIT: Diese Leute haben Stoffwindeln im Wert von zweihundert Dollar erworben und bedauern das jetzt zutiefst, bloß dass sie da nicht mehr rauskönnen, weil sie nämlich aller Welt erzählt haben, wie umweltbewusst sie sind. Und jetzt wollen sie wenigstens, dass sich alle anderen auch die Waschmaschine ruinieren.

»Mein Kind hat mit vier Monaten schon durchgeschlafen!«

DIE WAHRHEIT: Das Kind schläft nachts durch, weil die Eltern entweder einen Babysitter für die Nacht haben, der ihnen netterweise nichts davon erzählt, wenn ihr Nachwuchs wach wird, oder sie tragen einfach Kopfhörer, bei denen nichts durchdringt, und haben ihr Kind einem »Schlaftraining« unterzogen. Das kann ja jeder so machen, wie er meint, aber wenn man ständig solche Halbwahrheiten zu hören bekommt, fühlt man sich angesichts des eigenen Dreijährigen im Elternbett gern mal als Versager.

Baden mit dem Kind

Manchmal bringt man ein Kind nur dazu, ein Bad zu nehmen, wenn man anbietet, selber mit in die Wanne zu steigen. Und wenn man nicht gerade einen Whirlpool für zwei Personen im Badezimmer eingebaut hat, wird es für einen Erwachsenen und ein Kind in der Badewanne schon recht eng. Ist man außerdem noch sehr groß, so wie ich, ergeben sich zusätzliche Komplikationen. Es gibt da ein paar Dinge, die ich im Laufe der Jahre gelernt habe – vielleicht sind für Sie ja einige Tipps dabei.

1. **WENIGER WASSER BENUTZEN.** Sie sind nicht eben ein zartes Lebewesen (nichts für ungut), daher verdrängen Sie eine Menge Wasser.

2. **STEIGEN SIE ALS ERSTER IN DIE WANNE.** So sieht Ihr Kind am besten die paar Quadratzentimeter Platz zwischen Ihren Beinen, wo es sitzen kann. Wie gemütlich!

3. **SIE SIND ES NICHT, DER HIER BADET.** Bei dieser Sitzung werden Sie nicht sauber. Viel wahrscheinlicher ist, dass Sie hinterher duschen müssen, um das ganze Zeug zu entfernen. Schaum, Zahncreme, Kleber, Glitzer, Kerzenwachs, Abziehtattoos … Na schön, meine Kinder nehmen eben gern viele Sachen mit in die Badewanne, darunter auch ihren Vater.

4. BENUTZEN SIE EINEN HEIZLÜFTER. Sie werden schlottern vor Kälte. Die Kinder finden das Wasser ständig zu heiß, außerdem werden sich höchstens zwanzig Prozent Ihres Körpers im Wasser befinden. Sie sitzen in zehn Zentimeter hohem lauwarmem Wasser und frieren sich einen ab. Es ist fast ein bisschen wie Eisfischen, nur dass man dabei nackt ist und ein ebenfalls nacktes Kind bei sich hat, und man hat natürlich auch keine Angelrute dabei … aber egal.

5. HALTEN SIE HANDTÜCHER BEREIT. Das ist ein Fehler, den ich bei jedem Bad aufs Neue begehe. Wenn es bei Ihnen daheim ungefähr so aussieht wie bei uns, dann wird da nie ein griffbereites Handtuch an der Stange hängen. Das vergessen Sie aber natürlich. Wie ich werden Sie also aus der Wanne steigen und dann Ihr Kind rausheben, nur um festzustellen, dass Sie nichts zum Abtrocknen haben. Nein, den Heizlüfter können Sie nicht verwenden. Ihr Kind steht also tropfnass da, während Sie splitterfasernackt zum Wandschrank im Flur rennen, vielleicht noch auf dem Parkett ausrutschen und sich dabei einen Muskel zerren. Wenn Sie dann zurückkommen, ist das Kind verschwunden – auf Streifzug durchs Haus, ohne Windel und hämisch lachend, während es alles nass macht.

Sichere Orte
zum Kekse essen

Hin und wieder brauchen Eltern eine ordentliche Keksfressorgie. Normalerweise schaffen wir es, uns zurückzuhalten, bis die Kinder im Bett sind, aber manchmal überkommt uns das Verlangen mitten am Tag. Klar wissen die Kinder ganz genau, dass Kekse im Haus sind. Wenn sie ihre tägliche Ration schon weggeputzt haben, dürfen wir Eltern uns auf keinen Fall dabei erwischen lassen, wie wir den Rest der Packung verschlingen. Ich weiß, es ist megapeinlich – vielleicht sogar extrem kindisch –, aber am besten ist es, wenn Sie sich verstecken. Wählen Sie den Ort mit Bedacht. Ich empfehle die folgenden.

1. In der Garage
2. Hinter dem Gartenschuppen
3. Im Gartenschuppen
4. In der Duschkabine
5. Unter der laufenden Dusche (etwas effektiver)
6. Im Heizungsraum
7. Auf dem Klo

8. Unter der Bettdecke im abgedunkelten Raum bei abgesperrter Tür

9. Im Auto, das in der Einfahrt steht

10. Direkt vor den Augen des Kindes, während man singt: »KEKSE NUR FÜR PAPA. KEKSE NUR FÜR PAPA« (Funktioniert so gut wie nie.)

11. Egal wo, solange man flennt, während man sie isst

12. Mit aufgesetzter Sturmhaube. Anweisungen: Füllen Sie die Sturmhaube mit Keksen, setzen Sie sie auf, öffnen Sie den Mund, kauen Sie wild drauflos und hoffen Sie das Beste.

13. Womöglich denken Sie jetzt: »Hey, wie wäre es mit der Abstellkammer?« Grober Anfängerfehler, sag ich da bloß. Dort finden sie einen garantiert, weil *sie* da nämlich immer heimlich Kekse futtern (und manchmal auch Pipi machen).

Im Folgenden finden Sie einige besonders
bizarre Beispiele dafür, was wir in unseren fünf Jahren
als Eltern so gegoogelt haben.

Getrocknete Kotze in Schuh ansteckend?

Kann Erbse in Nase verschwinden?

Kann Erbse in Ohr verschwinden?

Frisch gebackene Eltern + Häufigkeit Sex + normal

Kleinkind Tobsuchtsanfall will Jacke nicht anziehen

Zusammenhang fehlender REM-Schlaf und IQ

Jüngeres Kind beißt älteres – normal?

Wie viel Ohrenschmalz normal bei Kleinkind

40 zu alt für Treggings?

Angry Birds Rio Level 8–15 Tricks

Fotos »Kinder haben Spaß beim Zahnarzt«

Saugverwirrung Mythos?

Pokerabend Papa länger als bis 21 Uhr?

Die Arithmetik
des Elternseins

Ich gestehe: Ich habe »Arithmetik« mindestens fünfmal falsch geschrieben, ehe ich es endlich korrekt hinbekam. Aber das hat mit Rechtschreibung zu tun, nicht mit Mathematik. In mathematischen Dingen bin ich nämlich recht gut. Ich bin überzeugt, dass es eine Gleichung gibt, die sämtliche Eltern benutzen, während sie ihren Kinder beim Spielen zusehen (wenn auch unterbewusst), um zu bestimmen, ob sie gebraucht werden oder nicht. Betrachten Sie es als eine Art Satz des Pythagoras für Erziehungsberechtigte.

$$\frac{(VG \times SV)}{ASW} = BD$$

VG steht hier für »Verletzungsgefahr« auf einer Skala von 1 bis 100.

SV steht für »Schwere der Verletzung« auf einer Skala von 1 bis 20.

Mit ASW ist der »aktuelle Stand des Wohlbefindens« des Elternteils gemeint, ebenfalls auf einer Skala von 1 bis 100.

BD steht für »Bewegungsdrang«, eine Variable, die ich persönlich geschaffen habe, um den Bereitschaftsgrad eines

Elternteils, Energie aufzuwenden, um dem Nachwuchs zu helfen, zu messen. Jeder Wert über 1,0 sollte den Erziehungsberechtigten dazu bringen, sich in Bewegung zu setzen.

Sehen wir uns ein Beispiel an. Stellen Sie sich vor, Sie liegen in einer Hängematte und sehen Ihrem kleinen Kind dabei zu, wie es am Klettergerüst rumturnt. Weil es öfter an diesem Klettergerüst spielt, besteht eine sehr geringe Verletzungsgefahr (VG). Doch da das Gestänge ziemlich hoch ist, würde dies eine größere Schwere der Verletzungen (SV) zur Folge haben. Und da Sie in der Hängematte liegen, ist der aktuelle Stand des Wohlbefindens (ASW) bei Ihnen relativ hoch. Die Gleichung würde also folgendermaßen aussehen:

$$\frac{(5 \times 14)}{95} = 0{,}74$$

Bei einem Wert für den Bewegungsdrang (BD) unter 1,0 gebietet es die Vernunft, dass Sie bleiben, wo Sie sind. Doch was, wenn das Gerüst noch höher wäre und Sie auf einem Stuhl säßen, statt in der Hängematte zu liegen? Die Verletzungsgefahr (VG) wäre die gleiche, allerdings mit erhöhter Schwere der Verletzungen (SV), zusammen mit einem etwas minderwertigeren aktuellen Stand des Wohlbefindens (ASW). Somit wäre der Bewegungsdrang (BD) um einiges höher.

$$\frac{(5 \times 17)}{55} = 1{,}55$$

Ein ernster Appell zum Handeln, das ist ja wohl jedem klar. Doch gibt es eine erschreckende Situation, die gar nicht mal so selten vorkommt, in der diese Gleichung nicht aufgeht: wenn unsere Kinder außer Sicht- und Hörweite sind. Wenn VG und SV beides unbekannte Werte sind und lediglich der ASW beobachtbar ist, können wir den Wert für BD dann immer noch ermitteln? Wollen wir es versuchen.

$$\frac{(VG \times SV)}{75} = \frac{\text{Syntaxfehler}}{\text{vB erforderlich}}$$

Keine Panik. Dr. Spock zufolge steht vB für »verbale Bestätigung«. In diesem Fall ist die Vorgehensweise immer noch relativ einfach. Brüllen Sie einfach: »Es ist schrecklich still da unten. Ist alles in Ordnung?« Wenn Sie nach dem dritten Versuch immer noch keine vB bekommen haben, gehen Sie davon aus, dass die VG bei über 80 liegt und die SV mindestens bei 18. Das bedeutet, dass selbst bei einem ASW von 100 der BD bei über 1,0 liegt. Daher sollten Sie schnellstens vom Klo runter und sicherstellen, dass Ihre Kinder nicht gerade im hintersten Kellerloch mit der Armbrust spielen.

Operation Zimmergenosse

Im Folgenden möchte mein Sohn Ihren Kindern den psychologisch äußerst komplexen Acht-Punkte-Plan erläutern, mit dem er mich dazu gebracht hat, bei ihm im Bett zu schlafen. Ich möchte Sie hiermit eindringlich warnen, auf die entsprechenden Signale zu achten, falls Ihr Kind etwas Ähnliches im Schilde führt.

SCHRITT 1: BEDÜRFNIS WECKEN. Wache häufig auf, sodass Papa mindestens fünfzehnmal pro Nacht aus dem Tiefschlaf heraus einen Vollsprint hinlegen muss. Du bist der Erstgeborene, daher flippen die Eltern noch jedes Mal aus, wenn du weinst oder schreist. Nutze dies zu deinem Vorteil.

SCHRITT 2: ANNÄHERUNG. Nach zwölf aufeinanderfolgenden Schreinächten werden deine Eltern dich in ihrem Bett schlafen legen, wo du dann die gesamte Nacht verbringst. Dies ist aber lediglich ein erster Zwischenstopp auf einer langen Reise. Vergiss nicht, das Ziel ist, deinen Vater dazu zu bringen, bei *dir* im Bett zu schlafen. Also aufgepasst: Die folgenden Schritte erfordern Geduld und Geschick.

SCHRITT 3: DAS TÄUSCHUNGSMANÖVER. Ein paar Wochen nach der ersten Annäherung solltest du ganz spontan anbieten, in deinem eigenen Bett zu schlafen. Das mag zwar ein schwerer Schritt sein, doch deine Eltern kaufen dir dafür vielleicht sogar Kekse und lassen dich so viel Kakao trinken, wie du willst, daher ist es das absolut wert. Außerdem ist es nur vorübergehend – *du tust das nur, damit deine Mami noch mal schwanger werden kann.* Denn Operation Zimmergenosse erfordert ein Geschwisterchen.

SCHRITT 4: TEILE UND HERRSCHE. Schon bald sorgt die Schwangerschaft dafür, dass Mama und Papa schlecht schlafen, sodass sie beschließen (okay, in erster Linie beschließt Mama das), dass es das Beste wäre, wenn Mama das Riesenbett für sich allein hätte. Papa erklärt sich kompromissbereit und schläft von nun an im Gästezimmer. *Jetzt hast du sie genau da, wo du sie haben wolltest.*

SCHRITT 5: DRANBLEIBEN. Jetzt wird es hart, und ich kann dir keinen weiseren Ratschlag geben als »Halte durch!«. Acht Monate lang wachst du nur einmal pro Nacht auf. Dein Papa wird entschlossen an seiner nächtlichen Unabhängigkeit festhalten. Aber keine Sorge, am Ende wird sich alles fügen.

SCHRITT 6: STEIGERUNG DER INTENSITÄT. Nun ist der große Augenblick gekommen. Dein Brüderchen ist da, jetzt ist die Hölle los. In Mamas Arm liegt ein haarloses, wütend schreiendes Etwas. Papa wird seine Hilfe anbieten, doch Mama wird ihn in sein Junggesellenzimmer zurückschicken, wo ihm ein Schal als Lampenschirm dient. Er ist neununddreißig Jahre alt. Diesen für ihn frustrierenden Moment musst du ausnutzen. Steigere die Häufigkeit deiner nächtlichen Wachphasen auf viermal pro Nacht. Sieh zu, dass du möglichst laut bist, damit du auch deinen kleinen Bruder mit aufweckst. Um deine Schreiattacken um ein Uhr, drei Uhr, vier Uhr und fünf Uhr zu beenden, wird dein Papa in dein Zimmer kommen und gelegentlich auch bleiben.

SCHRITT 7: EMPATHIE ERZEUGEN. Weißt du, was Empathie ist? Macht nichts. Das Einzige, was du darüber wissen musst, ist, dass es Erwachsene schwachmacht. Setze es gegen sie ein. Wenn Papa dir abends was vorliest, dann fragst du in deiner süßesten, unschuldigsten Stimme: »Papi, bleibst du heute Nacht hier und schläfst bei mir?« Und wenn er dann sagt: »Nein, tut mir leid, Liebling, Papa schläft in dem Zimmer ohne Heizung«, dann fängst du an, leise zu weinen. Nach spätestens einer Woche wird dein Vater Mitleid bekommen, und dann war Operation Zimmergenosse so gut wie erfolgreich. Es war ein langer, schwerer Kampf!

SCHRITT 8: DEN GEFANGENEN UMGARNEN. In der ersten Nacht, in der ihr ein Bett teilt, musst du um jeden Preis vermeiden, dass du deinen Papa aufweckst. Am nächsten Tag werden alle ausgeschlafener, glücklicher und zufriedener sein als in den vergangenen paar Monaten, und dann wird deine Mama sagen: »Du solltest am besten jede Nacht bei ihm schlafen, findest du nicht?« Gratulation, jetzt hast du es geschafft, dass dein Vater bei dir im Bett schläft. Du hast ihn rumgekriegt. Jetzt wird es dir jeden Morgen vorkommen, als wärst du im Ferienlager. Du wirst aufwachen und ganz unschuldig sagen: »Papa, bist du schon wach?« Und dann werdet ihr euch fünfundzwanzig Minuten lang über Comics unterhalten, ehe ihr nach unten geht und mit den anderen Lagerkindern Cornflakes esst.

Warum ich so dick geworden bin

Wir alle werden nicht schlanker; in erster Linie liegt das am Alter, aber auch daran, dass wir keine Zeit mehr haben, uns anständig zu ernähren. Ich habe es in den letzten fünf Jahren vielleicht ein Dutzend Mal geschafft, mich zu Hause hinzusetzen und eine gesunde, vollwertige Mahlzeit zu mir zu nehmen. Der unten beschriebene Tag entspricht viel eher der Realität.

8:15

Eine Scheibe Vollkorntoast mit Butter und dazu drei Tassen Kaffee (relativ vernünftiger Start in den Morgen)

12:30

Anderthalb Cupcakes, ein Espresso, ein Eiskaffee (Man könnte fast meinen, ich trinke zu viel Kaffee)

13:30

Zwei Eis am Stiel

14:00

Meine Beine beginnen wild zu zucken, und ich stehe kurz vor einem bühnenreifen Ohnmachtsanfall à la viktorianische Lady. Mein Blut besteht zu 75 Prozent aus Koffein, der Rest ist Zucker, ich brauche jetzt dringend etwas Richtiges zu essen. Es folgt eine panische Fressattacke:

14:03

Ein Hähnchenschnitzelsandwich mit Mayonnaise, drei gehäufte Löffel voll Erdnussbutter und unzählige Kekse, mehr als ich zählen kann, sind mittlerweile in meinen Rachen gewandert. Ach so, ja, und ein großes Glas Wasser. Ich fühle mich ein klein wenig besser, trotzdem ziehe ich mich zurück, um zwanzig Minuten zu ruhen. Meine Frau findet meine Reaktion übertrieben, aber meine Hände haben gezittert, ehrlich. Vielleicht war mein Blutzuckerspiegel ja im Keller?

14:30

Eine Handvoll Jelly Beans

21:30

Ein Frozen Yogurt mit Gummibärchen

23:15

Eine kleine Tüte Kartoffelchips mit Barbecue-Geschmack und eine Packung Celebrations (weil ich ja sonst nix zu feiern habe ...)

Am nächsten Morgen wache ich auf und tue das, was ich tun muss, um mich wieder besser zu fühlen: Ich renne schnurstracks ins Reformhaus und gucke mir dort das lange Regal mit den Vitaminen und Darmreinigungsprodukten an.

Warum ich Spielplätze hasse

Als mein ältester Sohn noch ein Baby war, konnte ich es kaum erwarten, endlich mit ihm auf den Spielplatz gehen zu können. Mein Kind würde durch den Sandkasten tollen, sich auf der Rutsche vergnügen und mit anderen Kindern herumtoben, während ich gemütlich auf der Bank sitzen und die Zeitung lesen (oder, wahrscheinlicher, auf dem iPad herumdaddeln) würde. FEHLANZEIGE! Unsere Spielplatzausflüge laufen eigentlich immer nach dem gleichen Muster ab:

Ich setze den Kleinen mit einem Berg Buddelspielzeug in den Sandkasten. Sofort kommt ein größeres Kind herangestürmt und schnappt sich den großen Eimer, »weil wir den dahinten brauchen«. Arlo brüllt, und ich verfolge den miesen kleinen Dieb quer über den Spielplatz.

Moment mal, wer schreit da »Paaaapaaaa!«? Es ist Silas. Er steht ganz oben auf der Riesenrutsche. Hinter ihm drängeln und schubsen viele, sehr viele Kinder. Ich renne rüber und versuche ihn zu ermuntern: »Komm, rutsch einfach runter! Ich fang dich auf! Rutsch! RUTSCH!« Nein. Er traut sich weder vor noch zurück, sondern besteht darauf, dass ich ihn hole. Fluchend erklimme ich die Leiter und ziehe, mühsam die

Balance haltend, meinen Sohn an den feindselig schauenden Kindern vorbei die engen Stufen hinab. Irgendwie schaffen wir es, heil unten anzukommen.

3. Arlo begibt sich auf Entdeckungstour. Leider sind die meisten Klettergerüste für ihn noch zu groß. »Hoch, Papa! Halten!« Als sich meine Arme schon wie Gummi anfühlen, schlage ich einen Abstecher zur Wippe vor. Leider ist gerade kein anderes kleines Kind in der Nähe, und so wippe ich, wieder mit der Kraft meiner Arme, meinen Sohn auf und ab und auf und ab und auf und …

4. »Paaaapaaaa!« Weinend und schreiend kommt Silas angerannt. »Der Junge dahinten hat mich gehauen!« (Geschubst, gebissen, mich gezwungen, Regenwürmer zu essen.) Er schaut mich erwartungsvoll an – tja, Sohn, was soll ich deiner Meinung nach tun? Das andere Kind vermöbeln? Ihm ein vergiftetes Bonbon anbieten? Die Polizei rufen? Ich entscheide mich stattdessen für ein Ablenkungsmanöver:

5. Die Snackdose! Ohne sie geht auf dem Spielplatz gar nichts. Liebevoll habe ich eine gesunde Zwischenmahlzeit hergerichtet: eine Dose mit Apfelschnitzen und Bananenstückchen und eine mit Vollkornkeksen und Dinkelstangen. Silas runzelt die Stirn und verlangt Oreo-Kekse.

6. Arlo stimmt in das Genörgel ein. Beide Kinder schreien lauthals nach Oreo-Keksen und werfen die Apfelschnitze und Bananenstückchen wütend in den Sandkasten.

7. Die Kids mampfen schmollend Vollkornkekse.

8. Ich blase zum Rückzug – auf geht's, ab nach Hause! Wütendes Protestgeschrei: »noch EINMAL rutschen«, »noch EINMAL wippen«, »noch EINMAL von dem anderen Kind hauen lassen«. Nach vielen EINMALS treten wir endlich den Heimweg an, und natürlich ist Arlo jetzt so müde, dass ich ihn tragen muss.

9. Zu Hause vergesse ich, die Schuhe und Hosentaschen der Kinder auszuschütteln, woraufhin sich unser Flur in einen Mini-Sandkasten verwandelt.

10. Mein Rücken und meine Arme schmerzen noch zwei Tage lang.

Anzeichen, dass man ein Erziehungsversager ist

Jedes für sich genommen verursachen die folgenden Beispiele keine bleibenden Schäden, aber falls Sie bei mehr als, sagen wir, der Hälfte der hier aufgeführten Punkte nicken, sollten Sie sich in Zukunft vielleicht etwas zusammenreißen.

1. Ihr Kind behauptet, sein Lieblingsgeschmack sei lila.

2. Es bezeichnet die Wohnzimmerwand als seinen Malplatz.

3. Wenn es jemanden umarmt, sagt es: »O ja, das macht mich scharf.«

4. Es kennt sämtliche Charaktere aus *Game of Thrones*.

5. Seine Lieblingsfarbe ist Schokolade.

6. Da seine Eltern keine Lust auf Töpfchentraining hatten, trägt es mittlerweile Erwachsenenwindeln (für Babywindeln ist es zu groß).

7. Ihr Kind geht zu Bett, »sobald Mami ihre Zigarette fertig geraucht hat«.

8. Es erklärt seinen Freunden, Toast sei auch Obst.

9. Wenn man es fragt: »Und, was tun wir, wenn die Poli-

zei bei uns vor der Tür steht?«, dann antwortet es: »Wir spülen Papas Gras im Klo runter.«

10. Andere Kinder dürfen nicht zum Spielen zu Ihnen nach Hause kommen.

11. Das Katzenklo ist ständig voll.

12. Wenn man es in der Schule fragt: »Was magst du am Wochenende am liebsten?«, dann kreischt es: »DASS ES SCHOKOKUCHEN ZUM ABENDESSEN GIBT!«

13. Es mixt den besten Caipirinha, den Sie je getrunken haben.

14. Das Hämmern oben auf dem Dachboden hält Sie nachts schon lange nicht mehr wach.

Ein Hoch auf Windeln

Ich verrate Ihnen jetzt mal was: Es ist keineswegs erstrebenswert, Ihr Kind frühzeitig an Töpfchen und Toilette zu gewöhnen. Nein, die wahre Kunst besteht darin, das Kind SO LANGE WIE IRGEND MÖGLICH Windeln tragen zu lassen. Glauben Sie mir einfach, es sei denn, Sie beabsichtigen, für die nächsten drei bis vier Jahre Ihr Haus nicht mehr zu verlassen. Kinder müssen ständig und immer zur falschen Zeit und am falschen Ort. Einige besonders unpassende Gelegenheiten habe ich gesammelt.

1. Auf dem Spielplatz. Klingt nicht so schlimm, ist es aber. Es gibt dort weit und breit keine Toilette, dafür viele Büsche und Sträucher, die ursprünglich zum Verkriechen, Höhlen bauen und Verstecken spielen angepflanzt wurden. Und nein, Ihr Kind ist nicht das einzige, dass grundsätzlich auf dem Spielplatz Pipi (oder schlimmer) muss. Und es ist auch nicht das einzige, das unverdrossen in diesen Gebüschen spielt.

2. In einem beliebigen Geschäft ohne öffentliches Klo, wo Sie eine misstrauisch schauende Verkäuferin erst beknien müssen, Sie doch bitte, bitte ausnahmsweise auf die Personaltoilette zu lassen.

3. Im Supermarkt, wenn nur noch ein Kunde vor Ihnen an der Kasse ist und Sie bereits all Ihre Einkäufe aufs Band gelegt haben (Sie können Ihr Kind natürlich fragen, ob es noch kurz warten kann, aber sagen Sie dann nicht, ich hätte Sie nicht gewarnt).

4. In der U-Bahn

5. Im Zug oder im Flugzeug (im Gegensatz zur U-Bahn gibt es dort zwar ein Klo, aber … sprechen wir nicht darüber).

6. Mitten in der Kindervorstellung im Kino (natürlich sitzen Sie in der Mitte und müssen sich im Stockdunklen an mindestens zwanzig Leuten vorbeidrängeln).

7. Im Stau auf der Autobahn (ich erspare Ihnen die Details, aber das war wirklich, wirklich knapp und endete nur dank einer artistischen Halbrolle über den Beifahrersitz und einer leeren Colaflasche nicht im absoluten Desaster).

Kommunikation ist alles

Das Gebrabbel kleiner Kinder ergibt
selten Sinn, und wenn doch, ist es meist
irgendwas vollkommen Irrationales.
Je schneller Sie dies akzeptieren, desto
glücklicher und harmonischer wird
sich Ihr häuslicher Alltag gestalten.

Kinder verstehen

Alle Kinder haben ihre ganz eigene Codesprache,
sodass eine effektive Kommunikation mitunter zum
Problem werden kann. Zum Glück konnte ich
diverse Codes für Sie entziffern.

»Nur noch ein Mal, ein einziges Mal!«

ÜBERSETZUNG: Bitte mach weiter damit, bis du dir wehtust
oder ich zu heulen anfange.

»Ich habe keinen Hunger!«

ÜBERSETZUNG: Ich hab Megahunger, aber im Moment habe
ich Dringenderes zu tun, als zu essen.
Wenn ich damit fertig bin, solltest du aber
LIEBER AUF DER STELLE WAS ZUM FUTTERN
BEREITHALTEN!

»Ich bin müde!«

ÜBERSETZUNG: Mir ist langweilig.

»Ich tanze!«

ÜBERSETZUNG: Ich muss Pipi.

»Jake hat mich geschlagen.«

ÜBERSETZUNG: Ich habe Jake getreten und gebissen, da hat er meine Hand weggefegt.

»Ich mag Jake nicht.«

ÜBERSETZUNG: Jake ist zum Spielen bei Ryan eingeladen.

»Das Essen ist zu heiß.«

ÜBERSETZUNG: Dieses Essen hat ein Grad über Raumtemperatur.

»Ich liebe die Schule.«

ÜBERSETZUNG: Heute gab es in der Schule Cupcakes.

»Ich finde meine Schuhe nicht.«

ÜBERSETZUNG: Ich hab meine Schuhe nicht gesucht.

»Die Milch schmeckt nach alten Socken.«

ÜBERSETZUNG: Der Geschmack der Milch erinnert mich daran, wie ich mal auf einer Socke rumgekaut habe.

»Ich brauch Mami, ganz dringend, wirklich!«

ÜBERSETZUNG: Hol Mama sofort aus der Dusche! Ich muss ihr zeigen, wie toll ich das Sofa ablecken kann.

»Meine Lieblingsfarbe ist Rot.«

ÜBERSETZUNG: Mamas Lieblingsfarbe ist Rot, und ich will genauso sein wie sie.

Selbsthilfetipps
von einem Dreijährigen

Kinder zu haben ist gar nicht mal so übel, wenn einem klar wird, wie viel man von ihnen lernen kann. Wir alle brauchen eine besondere Person, ein Leitbild, ob das nun ein Guru ist, ein Sonnengott oder ein Psychiater. Wenn Sie ein Kleinkind haben, können Sie aufhören, nach Ihrer Lichtgestalt zu suchen. Seinem Beispiel zu folgen wird Sie ins Tal der Erleuchtung führen.

1. Nehmen Sie sich täglich eine Herausforderung vor. Versuchen Sie zum Beispiel, mit zwei Fußbällen in der Hand in Schuhen, die nicht Ihre sind, die Treppe hochzusteigen. Und denken Sie dran, wenn was schiefgeht, ist das keine Schande.

2. Entrümpeln Sie mal wieder! Werfen Sie als Erstes alle Ihre Teller in den Müll. Anschließend würde ich vorschlagen, Sie machen mit Zahnbürsten und wichtigen Dokumenten weiter.

3. Pinkeln Sie auf den Boden, und springen Sie dann in der Pipipfütze herum. Sie werden staunen, wie viel besser Sie sich fühlen werden.

4. Es spielt keine Rolle, ob das Glas halb voll oder halb

leer ist, wenn Sie es übers Sofa kippen. Los, tun Sie sich keinen Zwang an!

5. Wenn sich bei Ihnen Aggressionen angestaut haben oder Sie sich langweilen, dann brüllen Sie einfach mal die Katze an.

6. Scheuen Sie sich nicht, jemandem einen Eiswürfel in die Hand zu drücken, während derjenige gerade auf dem Klo hockt.

7. Hämmern Sie auf die Computertastatur ein. Fühlen Sie sich jetzt superproduktiv? Dachte ich's mir doch.

8. Wenn Sie stürzen, bleiben Sie ruhig am Boden liegen. Irgendjemand wird Sie schon wieder aufheben.

9. Haben Sie schon rausgefunden, wie man Sachen von einem Festplattenrekorder löscht? TUN SIE ES! DAS IST SO WAS VON COOOOOOL!

10. Nutzen Sie den Tag und die Nacht und den frühen Morgen. Nutzen Sie jede Sekunde, jawohl! Füllen Sie all Ihre Zeit und vor allem auch die von allen anderen!

11. Haben Sie es satt, im Spiegel immer nur Ihr eigenes Gesicht zu sehen? So ging es mir jedenfalls, bis ich meinen neuen Freund Edding entdeckte. GESICHTSTATTOOS SIND ECHT KRASS!

12. Das hier ist nichts für schwache Gemüter, aber vertrauen Sie mir: Kacken Sie mal in die Badewanne. Das ist echt irre. Niemand wird darüber lachen, aber das heißt noch lange nicht, dass es nicht witzig ist!

13. Leben Sie im Augenblick, denn etwas anderes gibt

es nicht. Im Ernst, ist so. Oder zumindest wüsste ich nicht, dass es noch etwas anderes gibt.

14. Wenn Sie schon laufen können, dann aber bitte mit vollem Karacho! Das Leben ist zu kurz, um gemächlich durchs Einkaufszentrum zu schlendern.

Rechtschreibung ist out – Buchstabieranfänger sollen heutzutage einfach schreiben, wie es ihnen Spaß macht. Im Folgenden finden Sie einige meiner Lieblingsversuche aus der Vorschulzeit meines Ältesten.

»Gästan gabes Eisbärsalat zum Abnrot!« *Hoffentlich kriegt der Tierschutzbund das nicht mit …*

»Papa tregt eine Prille, weil er weidsüchtig ist.« *Ähem, ja, ich warte noch auf einen Therapieplatz …*

»Hoite gabes aufda Straße nen Umfall.« *Was da wohl umgefallen ist?*

»Ich hälfe Mama imma die Spielmaschine einroim.« *Und dabei spielt er am liebsten Trampolin!*

»Ich ässe gän Zukiwi!« *In Wirklichkeit isst er natürlich gar nix, was grün ist, weder Zucchini noch Kiwi.*

»Ich will späta ma Torbart wern, oda Schießrichta.« *Und dann werden wir Waldmeister, jawohl*

»Wennich kros bin, will ich ein Eibett wie mein Papa haben.« *Ohne Kommentar.*

»Die Fernsehdienung darf nur Papa haben, nich Mama.«
Weil die Mama sonst aus Versehen alle Filme auf der Festplatte löscht!

»Wenn ich Trebe steige, hald ich mich am Kalenda fest.« *Genau, und es dauert auch immer von Januar bis Dezember, bis wir oben angekommen sind.*

»Papa schimpft imma, wenn das Popapier alle is!« *Nehmt das, ihr Werbeheinis und Kreativen! Wieso ist auf dieses Wort noch keiner gekommen?!*

»Am liebsten ess ich schwarze Tellereis.« *Das hat er von mir, ich ess auch am liebsten Stracciatellaeis von schwarzen Tellern!*

Wie Kleinkinder einem mitteilen, dass sie hungrig sind

Aus Gründen, die nicht einmal für Evolutionsbiologen nachvollziehbar sind, scheinen kleine Kinder nicht fähig zu sein, einfach zu sagen, wenn sie Hunger haben. Stattdessen tun sie folgende Dinge.

1. Mit dem Schuh nach dem Fernseher werfen

2. Auf einem Puzzleteil rumkauen

3. Sämtliche Blütenblätter an einer Blume ausreißen

4. Zehn Minuten schweigsam Aufkleber an den Kühlschrank pappen

5. Den Zauberhut des Bruders zerreißen

6. Wie besessen die Socken aus- und anziehen

7. Versuchen sich die Haare zu schneiden

8. Um sechs Uhr abends einschlafen, während sie noch vor sich hinsingen: »Ich habe keinen Hunger!«

9. Kurz verschwinden und dann ohne Hose wieder auftauchen

10. Den Weltrekord aufstellen in der »Anzahl an Dezibel, die man der Elmo-Flöte entlocken kann«.

Andererseits will das Kind Ihnen mit diesen Verhaltensweisen vielleicht auch mitteilen, dass …

1. es müde ist

2. ihm heiß ist

3. ihm langweilig ist

4. es keinen Hunger hat

5. es Durst hat

6. es Juckreiz hat

7. es keinen Durst hat

8. es Blähungen hat

9. es einen neuen Haarschnitt braucht

10. es eine erste Existenzkrise durchlebt

Kinder sind schon manchmal komisch, finden Sie nicht auch?

Autogespräche

Autofahrten sind was Ödes – selbst wenn sie nicht länger als vier Minuten dauern. Auch wenn Kinder in der Regel ganz gut durchhalten, stellen sie doch ununterbrochen Fragen, wenn eine Fahrt mehr als drei Minuten dauert.

1. Fahren wir jetzt schnell oder langsam?

2. Wohin fahren wir?

3. Warum fahren wir da hin?

4. Wann sind wir da?

5. Wer steigt als Erster aus, wenn wir da sind?

6. Wie warm ist es draußen?

7. Was haben wir für eine Jahreszeit?

8. Sollen die Fenster jetzt offen oder geschlossen sein?

9. Warum gehen die Fenster hinten nicht ganz runter?

10. Wer darf auf welchem Platz sitzen?

11. Wem gehört der Streifen zwischen den Sitzen hinten?

12. Wem gehört das Auto?

13. Wer hat die meisten Kekse?

14. Wer kann am lautesten singen?

15. Scheint draußen die Sonne oder nicht?

16. Wer hat die längste Zunge?

17. Wer kann den Sitz vor sich am härtesten treten?

18. Warum sagt Papa nichts?

Mit einem Fünfjährigen
eine Burg bauen

Ich habe einmal aufgezeichnet, wie meiner Meinung
nach der Gedankenprozess eines durchschnittlichen
fünfjährigen Jungen im Laufe von fünf Minuten gegen
sechs Uhr dreißig am Morgen abläuft, während er das tut,
was er am liebsten tut, nämlich eine Burg bauen.
Papa darf helfen.

1. Hmm, was sollen die Kissen auf dem Sofa, wenn man
   damit doch eine tolle Burg bauen kann?

2. Na, ist ja nie zu spät für eine Burg. Was ist bloß mit dir los?

3. Moment, warum fängst du denn mit DEM Kissen an?

4. HAST DU EIGENTLICH ÜBERHAUPT IRGENDEINE
   AHNUNG VON BURGEN?

5. Wo ist Mama? Sie weiß, wie man eine Burg baut.

6. Nein, es fällt NICHT um, wenn ich noch ein …

7. Ups, du hattest recht.

8. So eine lahme Burg. Ich brauche mehr Kissen.

9. Nein, du gehst nach oben und holst sie.

10. Ich muss Pipi.

11. Hmm, aber was ist mit der Burg?

12. Hör auf, mich zu fragen, ob ich pinkeln muss! Und hilf mir jetzt bei dieser Burg!

13. Okay, ich geh aufs Klo. Kapierst du dann endlich, wie das mit der Burg geht?

14. O Mann! Du hast die kleine Nackenrolle für die hintere Wand verwendet? Du hast echt keine Ahnung.

15. Sollen wir noch mal von vorne anfangen? Eine Burg hat vier Wände und …

16. NEIN, ICH HABE KEINEN HUNGER! ICH WILL EINE BURG!

17. Weißt du, was du fragen sollst? »Hey, Sohn, wie baue ich eine Burg?«

18. Ach, gut, du hast das große Sitzkissen für die hintere Wand genommen. Da hast du ja ausnahmsweise mal zugehört.

19. Warte, obwohl, da ist ja noch das gleiche Kissen von der anderen Seite des Sofas, dass sollte eigentlich hierhin.

20. Äh, weil ich eben mehr über Burgen weiß als du, deswegen.

21. Stimmt, das sieht irgendwie komisch aus. Leider hat Papa wirklich keine Ahnung vom Burgen bauen.

22. Okay, so gefällt es mir.

23. Wow, toll.

24. WIE SCHÖN!

25. Okay, jetzt brauchen wir noch ein Dach.

26. Nein, nicht so was wie »einen Gobelin oder so«. Ich weiß doch noch nicht mal, was ein Gobelin ist, aber auf keinen Fall können wir das als Dach nehmen.

27. Wir legen die rote Decke drauf und DANN den Gobelin. Was gibt es denn da nicht zu kapieren?

28. Sieht das jetzt gerade aus? Du weißt schon, dass ich bei einem durchhängenden Dach Pipi machen muss, oder? Also ... warum machst du das dann?

29. Sei nicht traurig. Ist bloß eine blöde Burg.

30. Tut mir leid. Du bist ein guter Burgenbauer. Ja, wirklich (nicht).

31. Okay, jetzt brauchen wir noch eine Tür.

32. Hä? Ich dachte, du wüsstest das.

33. Ah, stimmt. Okay, ich klettere rein. Nein, nein, das hält schon, vertrau mir.

34. Ob ich Hilfe brauche? Blöde Frage. Die Burg ist gerade über mir zusammengebrochen!

35. Bitte baue die Burg genauso wieder auf, wie sie vorher war, während ich hier sitze und meine Milch trinke.

36. Nein, das stimmt ja schon wieder hinten und vorne nicht.

37. Tja, zum einen hatte die alte Burg keinen Turm.

38. Welches ist das dickste Buch, das wir im Haus haben? Cool, das will ich lesen vor dem Schlafengehen.

Ein Dreijähriger sucht seine Schuhe

Als kleiner Bonus hier noch die Gedanken eines typischen Dreijährigen, während er nach seinen Schuhen sucht.

1. Sind das meine Socken?

2. Sieht aus wie eine rote Maus.

3. Ist das eine rote Maus?

4. Eindeutig nicht meine Socken.

5. Ach, sieh mal an, der Schornsteinbesen.

6. Ich hab Hunger.

7. Äh, wo ist Mami?

8. Wo ist eigentlich Papas Handy?

9. Ach, so was, ich hab ja gar keine Schuhe an.

10. Ach, da ist ja Mama. Sie weiß bestimmt, wo Papas Handy ist.

11. Wisst ihr was? Ich mag diese Hose nicht.

12. Nein, die nicht.

13. Ich will eine andere Hose, vielleicht am besten eine, die ich gar nicht habe.

14. Ich ziehe meine Schuhe ERST an, wenn mir jemand mit dem Computer eine neue Hose bestellt.

15. Wo bleibt meine neue Hose?

16. Mami hat das mit dem Computer gemacht, also sollte meine neue Hose bald hier sein.

17. Was macht die Katze da? Die soll BLOSS DIE ROTE MAUS IN RUHE LASSEN, das sind vielleicht doch meine Socken.

18. Kekse.

19. Will Kekse.

20. Nein, andere Kekse.

21. Ich muss Pipi, aber nicht in die Hose.

22. Die neue Hose schon da?

23. Im Ernst, muss dringend Pipi.

24. Na schön, dann geh ich halt aufs Klo, aber wenn ich fertig bin, sollte meine neue Hose besser da sein.

25. Oh, sieh an! DA sind meine Schuhe! Vielleicht kicke ich sie unter die Heizung.

26. Wenn ich diesen Hocker umdrehe, kann ich ihn dann mit Wasser auffüllen?

27. Nö.

28. Tja, der Boden ist jetzt eh schon nass, dann kann ich ja auch gleich hierhin pinkeln.

29. Hmmm, warum suchen denn jetzt alle nach meinen Schuhen, wenn sie doch auf meine neue Hose warten sollten?

30. Woher soll ich denn wissen, wo meine Schuhe sind? Ich bin doch erst drei.

Das Folgende lässt sich recht kurz fassen,
weil es nur drei Möglichkeiten gibt.

1

Riesengeflenne

2

Verspottungen,
gefolgt von einem nervigen Siegestanz

3

Ein Mitspieler läuft mitten im Spiel davon,
weil er am Verlieren ist.

Dasselbe gilt für Erwachsene,
wenn sie Pictionary spielen.

Olivers Sicht der Dinge

Manchmal braucht es einen Außenstehenden, um eine realistische Beurteilung der alltäglichen Vorgänge in einer Familie abzugeben. Unser Kater Oliver scheint mir hierfür objektiv genug zu sein.

🐾 Jasons Haltung erinnert mich an meine Mutter, wenn sie einem Grashüpfer auflauert – total gebückt und angespannt.

🐾 Noch fünf Sekunden, dann liegt der Kleine wieder auf der Fresse und flennt. Fünf, vier, drei … oh, das ging ja schnell.

🐾 Mist, da kommt er.

🐾 Autsch, das war mein Auge. Und mein anderes Auge. Und meine Bauchspeicheldrüse.

🐾 Keine Ahnung, ob ich überhaupt eine Bauchspeicheldrüse habe.

🐾 Wusste gar nicht, dass ich überhaupt eine Ahnung habe von der Existenz der Bauchspeicheldrüse. Das ist ja seltsam. Wenn man oft genug Bauchspeicheldrüse sagt, fängt man bestimmt irgendwann an zu lachen. Oder auch nicht. Egal. Manchmal weiß ich noch nicht mal, wer ich bin.

🐾 Ich hau mich jetzt aufs Sofa und gönne mir ein ausgiebiges Nickerchen.

🐾 Jetzt reden die schon WIEDER über die Wandfarbe. Ich hab ihnen doch gesagt, sie sollen bloß nicht Weiß nehmen. Haben die mir überhaupt zugehört? Nö, natürlich nicht. Und jetzt fangen die noch von Dunkelblau an? Gütiger Himmel, die haben doch alle einen Schatten. Und gleich reden sie wieder von einem neuen Sofa, in drei, zwei, eins … und zack. Diese Leute sind ja vorhersehbarer als ich, wenn man mir ein Knäuel Wolle hinhält.

🐾 Hahaha – der Große mit der Brille fragt den Kleinen jetzt schon, ob er nicht bald ins Bett will. O Mann! Es ist doch erst halb sieben! Warum tust du dir das an? Warte doch noch eine halbe Stunde. Glaub mir, ich hab das Theater doch schon oft genug miterlebt!

🐾 NEIN, hör auf, dich zu freuen, deine Lieblingsshow läuft NICHT heute Abend! Die kommt MONTAGS! Soll ich es an die Wand sprühen, damit du es dir endlich merkst?

🐾 'tschuldigung. Ich glaub, ich bin einfach nur hungrig.

🐾 HEILIGE SCHEISSE, WAS WAR DAS DENN?

🐾 O Gott, der Staubsauger.

🐾 Dieses Ding! Hey, Staubsauger, könntest du vielleicht bitte etwas weniger nach Naturkatastrophe klingen? Danke schön.

🐾 Himmel, seht euch meinen Schwanz an. Jetzt bin ich ein nervöses Wrack. Ich sehe vermutlich aus wie ein Waschbär.

🐾 Ich brauche ein bisschen Zeit für mich allein.

🐾 Na toll, der Keller ist total zugemüllt, und eben bin ich auch noch in was Nasses getreten. Vielleicht war es Saft, vielleicht war es Kotze, wer weiß. Rausfinden tu ich das erst, wenn ich es probiere. Jep, Kotze. Egal. Ich verschwinde von hier.

Gesucht:
Hollywoodagenten für Eltern

Kinder sind ein klein wenig wie herrische Filmregisseure. Da können wir uns noch so sehr verteidigen, warum wir jetzt nicht sofort in den Keller runtergehen wollen, sie sind unerbittlich in ihrer Entschlossenheit, die Dinge zu Ende zu bringen. Ich stelle mir vor, dass es am Set mit Quentin Tarantino oder Martin Scorsese nicht viel anders ist. Diese Leute wissen, was sie wollen, da braucht ihnen keiner in die Quere zu kommen. Und wie Schauspieler beim Dreh brauchen Eltern einen guten Agenten, jemanden, an den sie sich wenden können, wenn ihr Boss völlig den Bezug zur Realität verliert und sie sich nicht länger ruhig und verständlich ausdrücken können. Sehen wir uns dazu ein paar Bespiele an.

DAS PROBLEM: Ganz gleich, wie oft man fragt und ganz gleich, wie streng man auch klingt oder wie laut man auch brüllt, das Kind hört einfach nicht auf, Essen auf den Boden zu pfeffern, welches sich sogleich die Katze schnappt, um dann aufs neue Sofa zu reihern. Hart, oder? Und, hilft Ihnen in dieser Situation Ihr entrüsteter Tonfall? Vermutlich nicht. Rufen Sie lieber Ihren Agenten an.

AGENT: »Hör zu, Kleiner, ich weiß ja, wie ulkig es ist, wenn die Katze kotzt. Und in Sachen Witz bin ich Experte, weil ich nämlich am Set von *Hangover* 1 bis 3 mit von der Partie war. Hab ich dir das je erzählt? In Wirklichkeit (und sag bloß deiner Mom und deinem Dad nicht, dass du das von mir hast) finde ich deine Arbeiten wirklich richtig gut, sogar die Sache damals, als du deinen Schneeschuh ins Klo geworfen hast. Du bist eine wahre Ikone und ein Idol für Kleinkinder weltweit. Doch Fakt ist, du schaffst hier ein sehr schwieriges Arbeitsumfeld für meinen Klienten, und da er derjenige ist, der die Kohle für das Essen heranschafft, das du auf den Boden wirfst, ist es vermutlich das Beste, wenn du dich ein wenig zusammennimmst. Warte wenigstens, bis er aus dem Zimmer ist. Gebongt?«

DAS PROBLEM: Ihr Kind weigert sich, sich von Ihnen die Windel wechseln zu lassen. Sie verfolgen es durchs Haus, gebückt wie Rocky, der versucht, ein Huhn einzufangen. Sie kriegen schon Rückenkrämpfe und sind kurz davor aufzugeben. Halten Sie durch! Rufen Sie lieber bei Ihrem Agenten an.

AGENT: »Yo, Alter! Was stinkt hier so? Okidoki, Kumpel! Heyyyy, mir ist ja klar, dass du stolz bist auf das, was du da produziert hast, und Teufel, wer wäre das nicht? Wie stolz war ich, als ich Tom Cruises Honorar für *Minority Report* ausgehandelt hatte. Hab ich dir je davon erzählt? Egal, was sagst du dazu, wenn wir jetzt das Stinkerchen rausmachen, damit du all deine kreative Energie auf dein nächstes windelfüllendes Projekt konzentrieren kannst?«

Ich belasse es jetzt lieber dabei. Denn gerade ist mir einge-
fallen, dass es diese »Agenten«, von denen ich hier rede, eh
schon gibt. Man nennt sie »Großväter«.

Sieben Stadien des Elternseins

Wenn Sie meinen, die folgende Liste schon mal
irgendwo gesehen zu haben, liegt das daran,
dass die sieben Stadien der Trauer ähnlich aussehen.

1. SCHOCK UND LEUGNUNG

Nehmen wir zum Beispiel an, Sie stellen Ihrem Kind eine
Frage, doch statt einer Antwort starrt es Sie lediglich an. Sie
wiederholen die Frage, erhalten aber erneut keine Antwort.
Da Sie sich nicht von dem Glauben abbringen lassen wollen,
dass Ihr Kind ein braves Kind ist, gehen Sie davon aus, dass
es Sie nicht gehört hat. Vielleicht hat es sich ja Erbsen in die
Ohren gesteckt? Ein letztes Mal tragen Sie Ihre Frage vor, nur
dieses Mal ganz laut und deutlich, um jeglichen Zweifel auszuräumen. Und wieder: Nichts.

2. SCHMERZ UND SCHULD

Man stellt also fest, dass das Kind nicht zugehört hat, einen
vielleicht sogar ganz bewusst ignoriert. Es schmerzt zutiefst,
doch letzten Endes ist klar, dass etwas, das man getan hat,
das Kind zu dieser Reaktion bewegt haben muss.

3. WUT UND BESTECHUNG

Angesichts des Schmerzes und der Schuld, weil man nun

davon ausgeht, dass dies der Beginn einer zunehmend dysfunktionalen Beziehung sein könnte, beginnt der Frust sich den Weg an die Oberfläche zu bahnen. Dies ist eine vollkommen natürliche Reaktion in dieser Phase; man wird wütend und brüllt das Kind vielleicht sogar an. Das Kind wiederum weint womöglich oder brüllt zurück, woraufhin man selbst kurzzeitig in die Phase der Schuld zurückverfällt. Aus diesem Grund entschuldigt man sich und bietet dem Kind eine Bestechung an, wenn es nur zu weinen aufhört.

4. DEPRESSIONEN, DÜSTERE GEDANKEN UND EINSAMKEIT

Ganz gleich, wie das Ganze endet, man wird immer ein wenig betrübt darüber sein, wie man mit der Situation umgegangen ist. Im Nachhinein wird man stets das Gefühl haben, dass es nicht gut gelaufen ist, woraufhin sich überwältigende Selbstzweifel angesichts der eigenen Fähigkeiten als Eltern breitmachen. Wenn das Kind dann ein Nickerchen macht oder zur Schule geht, bleibt man allein, und dann dämmert einem das erste Mal, dass das Kind eines Tages von zu Hause fortgehen wird.

5. POSITIVE KEHRTWENDE

»Das nächste Mal mach ich das aber anders. Sie werden so schnell groß, da ist es doch schade, sich wegen jeder Kleinigkeit aufzuregen.« Ein nicht seltener Gedanke in diesem Stadium. Neu aufkeimende Energie wird in eine verbesserte Zukunft gesteckt. Die Eltern-Kind-Beziehung scheint nun in eine positivere Richtung zu gehen. Der häusliche Segen ist wieder im Lot, und die Zukunft scheint reif für Familienurlaube voller Kleinkindgekicher und Kuschelorgien.

6. NEUBEGINN UND AUFARBEITUNG

Jetzt, da alle glücklich sind, tut man alles, damit die Dinge so bleiben, wie sie sind. Man führt beispielsweise Routinen ein, bei denen im Gegenzug für gutes Benehmen Belohnungen locken. Das Kind ist allem Anschein nach begeistert von diesem neuen Spiel. Eine neue Art der Beziehung manifestiert sich, und beide Parteien zeigen deutlich, dass sie bereit sind, sich dafür zu engagieren.

7. AKZEPTANZ UND HOFFNUNG

So manches hat sich inzwischen verändert. Beide Elternteile und auch das Kind sind sich darüber im Klaren. Für keinen war es ganz leicht, doch sind sich alle darin einig, dass die Veränderung notwendig war, um die Harmonie wiederherzustellen. Nach nur wenigen Tagen beginnt die neue Ordnung zu bröckeln, sodass der gesamte Prozess noch einmal von vorne durchlaufen werden muss. Als Eltern hofft man natürlich, dass diesmal alles anders wird, doch durchlebt man im Grunde immer wieder die gleichen Phasen. Ein ums andere Mal ist man schockiert und erlebt einen Zustand der Leugnung, da das Kind nichts aus den Lektionen der vergangenen Tage gelernt hat. Das Einzige, was einem nun bleibt, ist, es noch einmal zu versuchen und fest daran zu glauben, dass irgendwann alles harmonisch läuft.

Wenn mein dreijähriger Sohn schon einen
Wunschzettel schreiben könnte, würde der wohl
ungefähr folgendermaßen aussehen.

Lieber Weihnachtsmann (Oder heißt du Nikolaus oder Christkind oder wie? Das scheint irgendwie keiner so genau zu checken ...), das sind die Sachen, die ich will. Und damit meine ich, dass ich sie ganz dringend BRAUCHE!

Meine eigene Geschirrspülmaschine, damit ich die Tür als Trampolin benutzen kann (mal ehrlich, diese Wahnsinnsfederung, so was hab ich noch nirgends sonst gesehen).

Wenn du Macht über die Gesetze und so Zeug hast (Zumindest musst du doch ein gewisses Mitspracherecht haben, oder?), kannst du dann bitte Hosen verbieten? Ich wette, das steht auch bei anderen Kindern weit oben auf der Liste.

Wie viele Lollis hast du eigentlich da oben bei dir am Nordpol? *BITTE BRING SIE MIR ALLE!* (Stell dir das in einer gruseligen Dämonenstimme vor. Weiß nicht, wie man das mit Schrift darstellt, aber das wollte ich damit

ausdrücken. Ich will, will, will bitte ganz viele Lollis.
Also, so ungefähr mindestens acht, okay?)

Klamotten, die man bloß runterreißen braucht. Keine
Ahnung, wie die in echt heißen, aber ich will ein Oberteil, an dem ich nur ziehen muss, und schon ist es aus-
gezogen.

EINEN PRESSLUFTHAMMER! Superwichtig!

Ein Kaninchen. Falls du von denen keine mehr hast,
nehme ich auch ein Eichhörnchen oder einen Büffel.
Die sind alle ganz kuschelig und witzig.

Einen JETSKI. Hast du mal eins von den Dingern gesehen? Solltest dir echt überlegen, deinen Schlitten gegen
so ein flottes Teil einzutauschen!

Neunzig Minuten Fußreflexzonenmassage. (Keine
Ahnung, was das sein soll, aber meine Mama und ihre
Freundinnen schwören drauf, also will ich es mal aus-
probieren.)

POPCORN, und zwar ganz viel. Am liebsten mit Käse-
geschmack, aber ich bin auch mit gesalzenem Popcorn
oder welchem mit Karamellgeschmack zufrieden. Oder,
weißt du was, bring mir einfach zehn von diesen ge-
mischten Riesenkübeln, wie es sie im Kino gibt. Eigentlich wollte ich das an die erste Stelle setzen, aber ich
dachte, es sei besser, etwas bescheidener anzufangen.

Ein Pferd, so eins zum Turnen.

Liebe Grüße
Arlo

Brief von Arlo an Silas

Er ist noch zu klein, um sich richtig ausdrücken
zu können, aber es gibt da schon ein paar Dinge,
die mein Dreijähriger seinem fünf Jahre alten
großen Bruder mitteilen möchte.

Silas,

ich hab nicht viel Zeit, weil ich schnellstmöglich diese blöde
Windel loswerden und allen zeigen will, wie weit ich pinkeln
kann. Wann hast du mich eigentlich das letzte Mal beim
Pipi machen gesehen? Anschließend werde ich Mama bitten, mich auf den Arm zu nehmen und mir die Namen von
allen Sachen zu sagen, die im Kühlschrank sind. Doch vorher will ich ein paar Dinge loswerden, okay?

Erstens, du bist echt krass drauf. Ich weiß ja, dass ich für
dich bloß ein trotteliger Typ bin, der alles umschmeißt und
ständig auf dir rumspringt, aber ich bin doch auch erst drei,
Mann! Gib mir noch ein Jahr, dann krieg ich das schon auf
die Reihe. Ich kann ja noch nicht mal richtig zählen.

Ich geh einfach meinen Weg, verstehst du? Ich richte
Chaos an und verwüste jedes Zimmer. So bin ich eben.

Du hast das schon eine Zeitlang hinter dir. Mit Erbsen zu
werfen ist für dich zum Gähnen. Weiß ich doch. Ich will ja
auch nicht, dass du dich auf mein Niveau herabbegibst. Auf
keinen Fall sollst du Rückschritte machen, aber du musst

mich auch verstehen, ich hab nicht viele Freunde, und wenn ich Kinder in meinem Alter sehe, dann raste ich vor Freude dermaßen aus, dass sie Angst kriegen.

Was ich dir sagen will, ist Folgendes: Wir werden noch eine ganze Weile miteinander auskommen müssen, also sollten wir uns vielleicht überlegen, ob wir nicht hin und wieder was gemeinsam unternehmen. Du stehst doch auch auf Knete, oder? Siehste? Ich LIEBE kneten! Das wäre doch was, das wir zusammen spielen können. Du könntest zum Beispiel eine Pizza aus Knetmasse machen, und ich tu dann so, als würde ich sie aufessen, und dann lachen wir beide drüber? Wäre das was? Ich will ehrlich sein, vermutlich werde ich die Pizza zermatschen, noch ehe sie fertig ist, aber dadurch solltest du dich nicht abhalten lassen und aufgeben. Frust gehört nun mal dazu, wenn man mit mir spielt.

Vielleicht könnte das ja meine Aufgabe beim Pizzamachen sein. Ich bin der Zerstörer. Kaum denkst du, die Pizza ist fertig, komm ich daher und schlag alles zu Brei, und dann tu ich so, als würde ich das essen. COOOOL, oder?

Oder wir machen Folgendes. Du findest unsere Kater doch auch komisch, oder? GENAU WIE ICH! Dann machen wir einfach ulkige Sachen mit den Katzen. Hast du gesehen, wie ich mich auf den orangen Kater draufgelegt habe? Der hat noch nicht mal versucht, sich zu bewegen. Keine Ahnung, was mit dem Vieh los ist, aber er sitzt bloß da und wartet, bis ich ihn wieder loslasse, und das, obwohl ich langsam ziemlich schwer werde. Vielleicht kannst du ja einfach nur darüber lachen, wenn ich das tue, statt mich runterzuzerren? Mir ist ja klar, dass du damit Mama und Papa beeindrucken willst und vielleicht sogar dem Kater das Leben rettest, aber wir sind Brüder, und das ist doch wohl wichtiger als Mama und Papa oder die blöden Katzen, nicht wahr?

Hier noch ein paar weitere Dinge, die wir zusammen ausprobieren könnten. Wenn dir irgendwas zusagt, dann lass es mich wissen.

1. Wir probieren aus, wie lange wir einen Eiswürfel in der Hand halten können.

2. Im Auto spielen, während es in der Garage steht.

3. Wir räumen sämtliche Bücher aus den Regalen und springen drauf rum.

4. Wir erforschen die gruselige Waschkammer.

5. Wir pinkeln ins Katzenklo. (Hab ich schon mal gemacht, als keiner hingeschaut hat. Ist echt cool.)

Okay, ich geh dann mal Pipi machen. (Ins Klo. Ha!)

Liebe Grüße
Arlo

PS: Wir spielen später doch noch dieses Spiel, wo Papa das Laken hochwirft und wir draufspringen, sobald die Luft raus ist und es wieder auf dem Bett liegt? Das ist das Beste überhaupt!

Der ganz normale Wahnsinn

Ein Kind zeigt seine Liebe nicht durch Akte des Gebens, sondern mittels seines ehrlichen Gemüts.

Von mir (in Anlehnung an Deepak Chopra)

Die sieben Schritte
bis zum Tobsuchtsanfall

So ein Tobsuchtsanfall kommt nicht einfach so aus heiterem Himmel. Obwohl, eigentlich schon. Und wenn es erst mal angefangen hat, werden die folgenden sieben Schritte durchlaufen.

SCHRITT 1: Es beginnt mit einem ominösen gutturalen Geächze. Das dauert nicht lange, und wenn man nicht auf dieses Geräusch sensibilisiert wäre, könnte man meinen, es wäre der Hund, der schnarcht.

SCHRITT 2: Das Ächzen wird lauter, jetzt mit mehr Höhen und Tiefen, bis es sich zu einem lauten Kreischen ausgewachsen hat. Wieder und wieder ist das Wort »will« zu hören, der Rest des Satzes geht in unverständlichem Gejammer unter.

SCHRITT 3: In der Regel schreitet jetzt ein Elternteil ein und versucht rauszufinden, was das Kind will. Das ist natürlich grob fahrlässig, da das Kind von seinen Eltern erwartet, dass sie zu jeder Zeit rein intuitiv genau wissen, was es will. Wenn man nun zugibt, dass man ihm eben nicht rund um die Uhr jeden Wunsch von den Augen ablesen kann, steigert dies seine Wut ins Unermessliche.

SCHRITT 4: Das Wort »WILL« wechselt sich nun ab mit »... DING«! Vorsicht, Falle! Sagen Sie jetzt bloß nicht »Welches Ding?« (siehe Schritt 3). Das werden Sie in diesem Stadium eh nicht herausfinden (wenn überhaupt). In der Regel handelt es sich bei diesem »Ding« um ein beliebiges Stück Plastik, das niemandem außer dem Kind wichtig ist. Sie hätten ohnehin kaum eine Chance, es zu finden.

SCHRITT 5: Nun erreicht der Tobsuchtsanfall seinen Höhepunkt und zeichnet sich vor allem dadurch aus, dass das Kind sich auf den Boden schmeißt. FASSEN SIE ES JETZT BLOSS NICHT AN! Versuchen Sie auch nicht, es anzusprechen. Nutzen Sie die Gelegenheit, um zum Beispiel ein wenig zu putzen. Denn in diesem Stadium sind Sie überflüssig. Wenn Sie das Kind doch hochheben, dann müssen Sie es bitte wieder genau auf demselben Fleck absetzen. Dabei kann man sich gut an der Spur aus Spucke und Rotz am Boden orientieren. Aber Vorsicht: ein Kind in diesem Zustand festzuhalten, ist in etwa so, als würde man einen lebendigen Fisch mit einer Spaghettizange herumtragen.

SCHRITT 6: Sie sind über den Berg. Das Kind atmet wieder normal. Jetzt sollte es okay sein, mit ihm zu sprechen, der Dämon hat seinen Körper verlassen. Zwar sollte man es besser immer noch nicht anfassen, aber ein paar tröstende Worte – Worte, die es noch vor wenigen Augenblicken nur noch wütender hätten werden lassen – können nun tatsächlich guttun. Doch unter gar keinen Umständen sollten Sie »DIESES DING« erwähnen, da dies einen Rückfall auslösen könnte. Lenken Sie die Aufmerksamkeit des Kindes auf etwas anderes. Schlagen Sie etwas vor, das es wirklich gerne tut, zum Beispiel den Wassernapf der Katze ausleeren oder die Einstellung der Spülmaschine vom Normalspülgang auf Kurzspülprogramm umschalten.

SCHRITT 7: Dieses Stadium nenne ich die »Flitterwochen«. Alles ist vorüber, Ihr Kind will jetzt bloß noch kuscheln. Es keucht zwar immer noch schwer und kann sich auch noch nicht richtig artikulieren, aber die Krokodilstränen auf seinen Wangen sind längst getrocknet. Es schnieft immer wieder mal, doch das ist nur noch der letzte Rest vom Rotz, den es hochzieht. Umarmen Sie es, drücken Sie es, geben Sie ihm meinetwegen auch einen Keks, und dann VERLIEREN SIE KEIN WORT MEHR DARÜBER.

Dumme Dinge, die Eltern sagen

Im Folgenden finden Sie die dämlichsten Sprüche, die mir im Laufe eines Monats über die Lippen gekommen sind. Schuld daran sind natürlich meine zwei kleinen Racker.

1. Vorsicht, du bröselst mir ja die Haare voll.

2. Hör auf, deinen Bruder zu umarmen, und iss deinen Hotdog auf.

3. Du sollst nicht dauernd Leute zwicken.

4. Komm, wir machen ein Rennen, dann kriegst du ein Pflaster.

5. Klettere nicht auf dem Kaminsims rum.

6. Okay, was tut das Kitzelmonster dann, wenn es nicht kitzelt?

7. Ich wünschte, so coole Jeans gäbe es in meiner Größe.

8. Lass deinen Pipimann bitte in der Hose, wenn du rausgehst.

9. In diesem Haus SCHLUCKEN wir unser Essen.

10. Ich kann den Fernseher vom Klo aus nicht umschalten.

11 Beiß mich nicht in die Schulter.

12 Weil es vielleicht wehtun würde, wenn ich dich am Kopf durch die Gegend trage.

13 Bitte nicht die Blumen köpfen.

Tolle Aktivitäten für mieses Wetter

Nichts wirkt sich schlimmer aus auf Familien mit Kleinkindern als ein langes, trübes Winterwochenende. Hier sind ein paar unserer Maßnahmen gegen den unvermeidlichen Lagerkoller. Klar lesen wir auch Bücher und kuscheln und tun andere wunderbar häusliche Dinge, aber irgendwie müssen wir ja auch die restlichen elf Stunden füllen, die wir wach sind.

1. Fünfundvierzig Minuten gehen dafür drauf, dass wir uns zum Rausgehen fertigmachen.

2. Siebenundzwanzig Sekunden dauert der Weg nach draußen.

3. Wir gehen ins Einkaufszentrum.

4. Wir spielen »Durch die Gegend rasen und das Licht ein- und ausschalten, bis Papa keine Luft mehr kriegt«.

5. Wir gehen in den Elektromarkt und spielen mit den Kühlschränken.

6. Wir puzzeln (durchschnittlich drei Minuten lang).

7. Wir bauen eine Burg aus Sofakissen und Decken, die sofort wieder einstürzt.

8. Wir schleifen die Katze auf einer Decke durch die Gegend.

9. Wir ziehen eins der Kinder auf einer Decke durch die Gegend.

10. Wir ziehen beide Kinder plus die Katze auf einer Decke durch die Gegend.

11. Ich google »Bandscheibenvorfall Symptome«.

12. Wir gehen ins andere Einkaufszentrum.

13. Wir erfinden Spiele, bei denen man sich hinlegen kann (siehe Seite 29).

14. Wir erklären den Kindern, wie wichtig es ist, dass sie auch mal alleine spielen, während sie uns verständnislos anstarren.

15. Wir bedecken Papas Gesicht mit Isolierband.

16. Wir sehen Mami dabei zu, wie sie Papa das Isolierband aus den Haaren pfriemelt.

17. Ich google »Perückenläden in New Jersey«.

18. Wir spielen fangen, bis einer heult.

19. Wir denken über unsere Lieblingsfrage nach: »Was treiben wohl alle ANDEREN jetzt gerade?«

20. Wir rufen alle unsere Freunde an, nur um festzustellen, dass sie alle schon was anderes vorhaben.

21. Wir ärgern uns, dass wir fürs Wochenende wieder mal keine Pläne gemacht haben.

22. Wir spielen im Schrank mit einer Taschenlampe.

23. Wir erklären den Kindern, warum es wehtut, wenn man jemandem mit der Taschenlampe eins über die Rübe zieht.

24. Ich google »Wie viele Stunden täglich dürfen Kinder fernsehen?«.

Zen und die Kunst des Elternseins

Passiert es Ihnen auch manchmal, dass Sie im Park oder im Supermarkt Eltern sehen, die mit dem lächerlichen Verhalten des Nachwuchses total locker umgehen? Entweder sind die völlig taub oder sie beherrschen die hohe Kunst des Zen. Auf mich trifft keins von beidem zu, aber wenn Sie eines gelernt haben aus meinem Buch, dann die Tatsache, dass ich nicht davor zurückschrecke, gute Ratschläge in Dingen zu erteilen, von denen ich selbst nicht die leiseste Ahnung habe. Im Folgenden erfahren Sie, wie Sie zu mehr Gelassenheit gelangen.

SCHRITT 1: Suchen Sie sich einen ruhigen Platz im Haus. Ach so, klar, in Ihrem Haus gibt es ja nirgends Ruhe. Weiter mit Schritt 7.

SCHRITT 2: Bestens, Sie haben also einen ruhigen Ort gefunden. Die Kinder sind dann wohl in der Krippe, im Kindergarten oder in der Schule. Jetzt machen Sie es sich gemütlich, aber nicht so gemütlich, dass Sie Gefahr laufen einzuschlafen. Wenn es Ihnen geht wie mir und Sie fast immer einschlafen, sobald Sie es sich bequem machen, dann sollten Sie womöglich einen Arzt aufsuchen, weil Sie dann entweder an Depressionen oder an Schlafapnoe leiden. Vergessen Sie nicht, Meditation ist ein achtsames, aber auch aktives Innehalten, und nicht jeder ist dafür geschaffen.

SCHRITT 3: Cool. Sie haben es geschafft. Jetzt schließen Sie die Augen, und konzentrieren Sie sich auf Ihre Atmung. Spüren Sie, wie die Luft in Sie hinein- … und … zur Nase wieder hinausströmt. Wenn im Inneren Ihrer Nase etwas flattert oder ein leichtes Pfeifen entsteht, lassen Sie jegliche Bewertung und jegliches Gefühl davontreiben wie ein Blatt im Wind. Jetzt sind Sie überzeugt, dass das Flattern in Ihrer Nase ein Blatt im Wind ist. In der Zwischenzeit hat wahrscheinlich eines der Spielzeuge Ihres Kindes plötzlich angefangen zu piepen. Hab ich alles selbst schon erlebt. Sie müssen einen Weg finden, nicht darüber nachzudenken. Jetzt sagen Sie sich vor »Hör auf, darüber nachzudenken«, wiederholen Sie dies wieder und wieder in Gedanken. Vielleicht singen Sie es sich sogar zur Titelmelodie von *Bob der Baumeister* vor. Wenn das so ist, dann gibt es für Sie tatsächlich keinen Ausweg. Gehen Sie direkt weiter zu Schritt 7.

SCHRITT 4. Klasse, Sie haben sich nicht beirren lassen und sind nicht zu Schritt 7 gesprungen. Jetzt ist es an der Zeit, das einzusetzen, was Sie während der Meditation gelernt haben, und den Rest des Tages »im Augenblick zu leben«. Vergessen Sie nicht, etwas anderes als DIESEN AUGENBLICK gibt es nicht, und jetzt ist er auch schon wieder verstrichen und der nächste ebenfalls. AUGENBLICKE SIND VERGÄNGLICHER ALS FRUCHTFLIEGEN, UND ES IST WIRKLICH ERSCHRECKEND, WIE MACHTLOS WIR DEM GEGENÜBER SIND. Okay, da Sie sich jetzt vermutlich nur noch den Kopf zerbrechen über die Vergänglichkeit und die eigene unabänderliche Sterblichkeit, werden Sie wohl nicht mehr fähig sein, »im Augenblick zu leben«. Kehren Sie zurück zu Schritt 1. Aber BEEILEN SIE SICH, es ist schon drei Uhr nachmittags, bald müssen Sie die Kids abholen. Tut mir leid. Ich weiß ja, dass es mit Zen rein gar nichts mehr zu tun hat, wenn man derart gehetzt wird.

SCHRITT 5: Okay, nehmen wir mal an, Sie sind ein völlig gelassener Einsiedler mit der perfekten Hütte im Wald, Sie verschwenden keinerlei Gedanken an Blätter in Ihrer Nase und haben die Titelmelodie von *Bob der Baumeister* aus Ihrem Kopf verbannt (WIE IST IHNEN DAS BLOSS GELUNGEN??). Offenbar können Sie meditieren, ohne in der Nase zu bohren, zu singen oder einzuschlafen. In Ihrem Bewusstsein herrscht Frieden, doch Sie sind wachsam. Jetzt schauen Sie sich um und machen sich bewusst, wie schön doch alles ist und … oh, oh, Ihr Kleiner ist gerade von seinem Mittagsschläfchen erwacht.

SCHRITT 6: Wenn Sie diesen Schritt erreicht haben, können Sie unmöglich Kinder haben. Da ich selbst nie über Schritt 1 hinausgekommen bin, ist dies fremdes Terrain für mich. Vielleicht sollten Sie sich der Malerei oder Ihrem Gewächshaus widmen.

SCHRITT 7: Sagen Sie einfach »Scheiß drauf, ich esse jetzt was«. Wenn Sie gerade auf Diät sind, machen Sie weiter mit Schritt 7a.

SCHRITT 7A: Kaufen Sie sich ein neues Haus, in dem die Kinder ihren eigenen Flügel mit Schallschutzisolierung haben. Zusätzlich stellen Sie ein Kindermädchen in Vollzeit ein, weil … nun ja, weil Ihre Kinder nicht lange in diesen unheimlich teuren, schallisolierten Räumlichkeiten bleiben werden wollen. Wenn Sie sich kein neues Haus und ein Kindermädchen in Festanstellung leisten können, kehren Sie zurück zu Schritt 7 und verbringen Sie den Rest Ihres Lebens in diesem unangenehmen Zustand irgendwo zwischen dem unstillbaren Hunger nach Essen und der Sehnsucht nach einem ruhigeren Wohnumfeld. Sollte Ihnen dies nicht reizvoll erscheinen, machen Sie weiter mit Schritt 8.

SCHRITT 8: Kehren Sie zurück zu Schritt 1.

Die Bienen sind zurück

Ständig erzählt man uns, dass die Bienen bald aussterben werden und dann … Moment, was war noch gleich das Problem? Hab ich vergessen, aber wo die Bienen sind, weiß ich. Sie schwirren in der Obstplantage bei uns in der Nähe rum und tun sich an den vergammelten Äpfeln am Boden gütlich. Dort warten sie auf meinen Sohn. Sollten Sie noch nie erlebt haben, wie ein Fünfjähriger von einer Biene gestochen wird, dann erfahren Sie hier, was Ihnen bevorsteht.

1. Alles ruhig und friedlich … wunderschön.

2. Die Sonne scheint, allerdings ist es frisch genug, um eine leichte Jacke zu tragen.

3. Jeder hat einen kleinen Korb für die Äpfel dabei.

4. Oh glückselige Familienzeit.

5. Aus dem Augenwinkel sehen Sie einen zarten Arm wild hin- und herwedeln.

6. Sie gehen davon aus, dass das Kind sich einfach nur Luft zufächelt.

7. Das tröstliche Geräusch rennender Kinderfüße und das Getucker eines Traktormotors in der Ferne werden ganz plötzlich und unerwartet übertönt von einem Schrei …

8. BIENE

9. BIENE BIENE

10. BIENE BIENE BIENE

11. BIENE BIENE BIENE BIENE

12. Jetzt legen alle einen panikartigen Tanz hin.

13. Das jüngere Kind (zu dem sich die Bienen mysteriöserweise kein bisschen hingezogen fühlen) rennt im Kreis, stolpert und landet auf diversen Dingen am Boden.

14. Die Mutter schlägt panisch um sich.

15. Der Vater steht wie angewurzelt da.

16. Das Gesicht des älteren Kindes nimmt jetzt die Farbe einer Comicfigur an, die die Luft anhält.

17. Eine Rotzblase bildet sich an seiner Nase, deutliches Zeichen für seine Hysterie und dafür, dass er gestochen wurde.

18. Er schließt sich seinem kleinen Bruder an und rennt ebenfalls im Kreis. Der Bruder denkt, es handelt sich um ein Spiel, und fängt an zu lachen.

19. Die Mutter versucht das Opfer einzufangen, damit sie das »Gift raussaugen kann«.

20. Der Vater erinnert die Mutter daran, dass das Kind nicht von einer Schlange gebissen wurde.

21. Eine Menschentraube hat sich um die irre Familie gebildet und sieht zu, wie alle im Kreis laufen.

22. Während das Opfer rennt, flattern zwei dicke Rotz-

fahnen hinter ihm her. Sie sehen aus wie Schweine-schwänzchen.

23. Die Mutter stolpert und fällt fast hin, doch es gelingt ihr, sich das Opfer zu schnappen. Sie schreit: »WO HAT SIE DICH GESTOCHEN?«

24. »HALS, HALS, HALS«, lautet die Antwort.

25. Die Vampirmutter will dem Sohn das Gift aus dem Hals saugen.

26. Die Menge sieht schweigend zu.

27. Der Vater schweigt ebenfalls.

28. Alle denken: »Ist es das, was man bei einem Bienenstich tut?«

29. Der kleine Bruder rennt immer noch. Er stolpert über einen Kürbis und fängt an zu flennen.

30. Eine Rotzfahne segelt zu Boden und landet sanft auf dem dichten Rasen.

31. Ein hilfsbereites Mitglied aus dem Publikum merkt vorsichtig an, dass das Kind längst in einen Schock-zustand verfallen wäre, wenn es auf Bienengift allergisch reagieren würde.

32. Wir alle starren den hilfsbereiten Herrn einen Augen-blick an, ehe er sich in einer Rauchwolke auflöst.

33. Ein junger Mann (Arbeitet der auf der Obstplantage?) kommt mit einer Heilsalbe daher. Er lächelt und fragt ganz fröhlich: »Wurde da jemand von einer Biene ge-stochen?«

34. Plötzlich wird uns allen klar, dass das alles halb so wild ist.

35. Die Salbe ist aufgetragen, das Gesicht sauber gewischt, alles ist wieder gut.

36. Höchste Zeit, nach Hause zu gehen, dabei waren wir doch bloß ganze zwölf Minuten auf der Obstplantage.

37. Auf dem Heimweg fahren wir noch bei McDonald's vorbei.

38. Das ganze folgende Jahr läuft das Kind vor allem davon, das irgendwie summt, und brüllt BIENE BIENE BIENE BIENE BIENE BIENE BIENE BIENE. Wir aber versichern: »Nein, Liebling, das ist nur der Nachbar mit dem Laubbläser!«

39. Komischerweise isst er immer noch ganz gern Äpfel.

Wozu Taschentücher, wenn man zwei Ärmel hat?

Kleine Kinder sind rund 280 Tage im Jahr krank,
doch es sind eher die zweitrangigen emotionalen Zustände,
auf die man vorbereitet sein sollte. Im Folgenden ein paar
der typischen Symptome, mit denen man sich
beschäftigen müssen wird.

AKUTE TASCHENTUCH-PHOBIE (ATP)

ATP tritt auf, wann immer einem Kind von einem Erwachsenen etwas zu eifrig die Nase geputzt wird. Das Kind entwickelt eine höllische Angst vor Taschentüchern und wird alles tun, um jeglichen Kontakt zu vermeiden. Abwehrmethoden sind unter anderem lautes Geschrei, Flucht, das Schleudern von Puzzleteilen, absichtlich mit dem Gesicht voraus vom Sofa runterfallen, beißen, schlagen, spucken u.v.m.

SOFA-ROTZ-SYNDROM (SRS)

Typisch hierfür ist die Unfähigkeit von Kleinkindern, sich die Nase an irgendwas anderem als an Sofakissen abzuwischen. Generell wird dies als ein psychologisches Problem betrachtet, das eng verwandt ist mit der ATP, es kann aber ebenso gut auftreten als Symptom von extremer Müdigkeit oder des generellen Widerwillens, die bequeme Position beim Gucken von *Elmo im Grummelland* aufzugeben.

MILCHMUND (MM)

Auch bekannt als »Schwimmhautzähne« wird dieser Zustand verursacht durch den übermäßigen Verzehr von Milch bei extrem verrotzter Nase und verschleimtem Rachen. Die Nase ist verstopft, daher gelangt nur sehr wenig Sauerstoff in die Problemzone. Zu den Symptomen zählen ein lautes Röcheln beim Sprechen und milchig weiße Fäden zwischen Ober- und Unterkiefer, wenn der Mund geöffnet wird.

SCHLEIMGESCHOSSE (SG)

Wenn ein Hustenanfall bevorsteht, ist das Kind plötzlich nicht mehr fähig, den Kopf zu drehen. Die Folge ist häufig, dass der durch den Husten nach oben beförderte Schleim herausgeschossen kommt und auf der Brille eines nicht schnell genug ausweichenden Erwachsenen landet. In etwa der Hälfte der Fälle landet der Schleimklumpen im Mund des Erwachsenen.

SCHULTERKRUSTE (SK)

Ähnlich wie das zuvor beschriebene SRS wird die Schulterkruste nicht selten erst dann bemerkt, wenn Vater oder Mutter am Abend ihr Oberteil ausziehen und feststellen müssen, dass da plötzlich schulterpolsterähnliche Rotzkrusten gewachsen sind (in der Regel das Ergebnis eines akuten TMUU-Syndroms, siehe folgende Seite).

SAUERSTOFFAUFNAHME-UMSCHALTSYNAPSEN-VERSAGEN (SAUSV)

Hierbei handelt es sich um einen Zustand während des Schlafens, der in erster Linie bei Kindern unter drei Jahren auftritt. Die Nase ist blockiert, und das Gehirn sieht sich selbst nicht länger in der Lage, Sauerstoff durch den Mund aufzunehmen. Erst wenn der Patient heulend aufwacht, weil er keine Luft mehr kriegt, beginnt die Mund-Nase-Umschaltsynapse wieder korrekt zu funktionieren. Dies geschieht in der Regel im 30-Minuten-Rhythmus und während der gesamten Dauer der Krankheit. Es gibt bislang kein bekanntes Heilmittel, auch wenn derzeit einige interessante Studien an renommierten medizinischen Forschungszentren durchgeführt werden.

TRAG-MICH-UNUNTERBROCHEN-SYNDROM (TMUUS)

Das Kind weigert sich, sich auf dem Boden absetzen zu lassen, und das über einen Zeitraum von zwölf bis dreizehn Stunden. Der Patient ist nicht fähig, die Beine weit genug durchzustrecken, um stehen oder gehen zu können. Dies wird begleitet von schrecklichem Geschrei, sobald das Kind sich auch nur ein Stück unterhalb der Gürtellinie des tragenden Elternteils befindet. In extremen Fällen erlaubt der Patient Vater oder Mutter noch nicht einmal sich hinzusetzen, was schließlich zum Totalausfall des Krankenpflegers (TADKP) führt.

Wie man einen Kinderzaubertrank mixt

Aus purer Verzweiflung, wie ich annehme, hat meine Frau unseren Söhnen beigebracht, wie man einen »Zaubertrank« mixt. Dieses Gebräu kann natürlich nicht wirklich zaubern – sie ist ja schließlich keine Hexe. Ein Zaubertrank ist ihrer Definition nach lediglich ein Glas voll mit beliebigen Flüssigkeiten und Pülverchen, die sich in unserem Haushalt finden. Im Folgenden eine Anleitung.

1. Man nehme einen Hocker zum Hochsteigen, damit man an die »guten Gläser« rankommt.

2. Man öffne den Kühlschrank und nehme Orangensaft heraus.

3. Man fülle ein Glas mit Orangensaft.

4. Während man das volle Orangensaftglas in die Hand nimmt, kicke man den Hocker mit dem Fuß rüber an den Gewürzschrank.

5. Man platziere das Glas auf einem gefalteten Geschirrtuch. Dabei sollte es möglichst wackelig stehen.

6. Man nehme das Senfpulver zur Hand und schüttle es kräftig über dem kippeligen Glas.

7. Nun gehe man mit dem vollen Glas Orangensaft mit Senfpulver in der Hand nach oben und verschütte bei jedem Schritt eine geringe Menge.

8. Man öffne die Schublade im Badezimmer. Daraus nehme man das Eukalyptusöl und füge sieben bis hundert Tropfen hinzu.

9. Man schnappe sich Papas Zahnbürste, tauche sie in das Gebräu und rühre kräftig um.

10. Man gieße die Hälfte des Glases ins Waschbecken, um Platz zu schaffen für weitere Zutaten.

11. Man sorge dafür, dass einige Tropfen auf der Badematte landen.

12. Man füge drei kräftige Portionen Fußpuder sowie eine Handvoll Epsom-Salz hinzu.

13. Auf die Frage »Was treibst du da oben?« antworte man mit »Nichts!«.

14. Man suche sich eine angebrochene Tube Dichtmasse und quetsche den Inhalt in das Glas. Die leere Tube werfe man in die Dusche.

15. Man rühre erneut mit der Zahnbürste um. Man stelle die Zahnbürste *genau* dorthin zurück, von wo man sie weggenommen hat.

16. Nun trage man das Glas wieder hinunter in die Küche und verschütte dabei eine angemessene Menge.

17. Man öffne die Kaffeemaschine und gebe den Inhalt des Filters in das Glas.

18. Wo man schon in der Küche ist, kann man auch gleich noch vier Weintrauben hinzufügen.

19. Man stelle das Glas zurück auf das gefaltete Geschirrtuch.

20. Man nehme einen Messbecher zur Hand und begebe sich runter in den Keller.

21. Man nehme Papas Lieblingstasse (den Messbecher lässt man liegen) und schöpfe etwas von der komischen Flüssigkeit unten im Gemüsefach des Kühlschranks im Keller ab. Man kehre zurück in die Küche.

22. Man schütte die Hälfte der mysteriösen Flüssigkeit aus dem Kühlschrank in das Glas, während man mit der anderen Hälfte einen danebenliegenden Apfel glasiert.

23. Man trage den Trank wieder nach oben.

24. Man klopfe an Papas Bürotür, zeige ihm den Zaubertrank, und wenn er dann fragt: »Hey, was ist da denn drin, Kumpel?«, antworte man ehrlich.

25. Man bearbeite Papa mit dem Defibrillator.

26. Man stelle den Zaubertrank auf den Badezimmerwaschtisch; dann vollende man das Ganze noch mit etwas Zahncreme, Rasiergel und einem abgelaufenen Gleitgel, das man hinter einer Schachtel Maxibinden gefunden hat. Anschließend verkünde man der versammelten Familie, dass keiner den Trank berühren dürfe, weil er jetzt nämlich »köcheln« müsse.

27. Man bekomme einen Tobsuchtsanfall, weil der Bruder alles ins Klo geschüttet und runtergespült hat.

28. Man singe lauthals die Titelmelodie von *Spongebob Schwammkopf,* während Papa mit dem Klempner telefoniert.

29. Man verkünde, dass man nun keine andere Wahl habe, als einen neuen Zaubertrank zu mischen.

Auf den meisten Geburtstagspartys erhalten die
Gäste ein kleines Dankesgeschenk in einer festlichen Tüte.
So geht keiner leer aus! Leider missbrauchen Eltern diese
Tüten gern dazu, um anderen Eltern eins auszuwischen.
Warum? Keinen Schimmer.

1. LOTUSFLÖTE Warum schenkt ihr den Kindern nicht
gleich eine Alarmsirene?

2. KAZOO Noch einen Tacken nerviger als die Lotusflöte

3. MUNDHARMONIKA Na toll. Ein Ding, das normales
Atmen wie einen Dudelsack klingen lässt.

4. BRAUSEPULVER SCHON MAL IM BLASSEN SCHEIN DES
MONDES MIT DEM TEUFEL GETANZT??

5. JO-JO So was wie ein mittelalterlicher Streitkolben, nur
ohne Stacheln.

6. SEIFENBLASEN Kinder wollen die natürlich auch in der
Wohnung pusten, und dann klebt alles (oder alles ist
sauber, je nachdem, ob man Pessimist oder Optimist
ist).

7. FURZKISSEN Die gehen immer kaputt, wenn Papa es
wieder mal übertreibt.

8. EIN LEBENDIGER GOLDFISCH Der krönende Abschluss einer lustigen Party ist es, wenn man dem Kind neun Stunden später die harte Realität der Sterblichkeit beibringen muss.

Kinder feiern härter

Wir bekommen öfter Besuch von anderen Familien – Familien mit Kindern im gleichen Alter wie die unseren. Und während die Erwachsenen sich mit ein paar Bier oder ein, zwei Gläsern Wein begnügen, feiern die Kids die fette Party. Am Ende des Abends (so gegen acht) sieht es in unserem Zuhause immer aus wie in einer Studenten-WG am Sonntagmorgen um sechs Uhr.

1. Mindestens eins der Kinder ist auf dem Sofa im Party-keller weggepennt.

2. Auf dem Bücherregal liegt eine angebissene Pizza.

3. Zwei Kinder müssen barfuß nach Hause gehen.

4. Ein Kind heult.

5. Die Dusche läuft.

6. Ein Kind läuft nackt rum.

7. Das Glas mit dem Kleingeld wurde geplündert.

8. Zwei Kinder müssen rausgetragen werden.

9. Es finden sich mindestens drei mysteriöse Pfützen im Haus.

10. Das Schlagzeug im Keller ist kaputt.

11. Dutzende halb geleerte Saftflaschen sind über das ganze Haus verteilt. Ein Tetrapack steckt im Subwoofer.

12. Ein Kind hockt auf einem Baum.

13. Ein Kind läuft mit einem Piratenhut und eleganten Schuhen rum – sonst hat es nichts an.

14. Nichts liegt mehr da, wo es mal war, alles ist zu wackeligen Haufen zusammengetragen worden.

15. Drei Kinder laufen ziellos durch die Gegend und faseln wirres Zeug.

16. Eins der Klos ist verstopft.

17. Irgendein Möbelstück liegt auf dem Rasen.

18. Ein Kind tanzt *immer* noch und will nicht heimgehen.

19. Zwei Kinder sind nass, wollen aber nicht verraten, warum.

20. Jemand hat in den Flurschrank gekotzt.

Liebe tut weh:
vor allem der Schulter

Mit Kindern spielen oder mit ihnen durchs Haus toben
erfordert Bewegungen, für die der erwachsene Körper
eigentlich nicht gemacht ist. Im Folgenden finden Sie
einige der Verletzungen, die ich mir in meiner Zeit
als Vater zugezogen habe. Ich kann nur hoffen,
dass Sie davon verschont bleiben.

VERLETZUNG: Unfähigkeit, den Kopf nach links zu drehen
DAUER: vier Tage
URSACHE: eifriges Anschieben der Schaukel

VERLETZUNG: nicht näher spezifiziertes Schulterdrehdingens
DAUER: anhaltend
URSACHE: Auf die Bitte meines dreijährigen Sohnes hin wollte
ich einen Tennisball mit einem kleinen Spider-Man-Mini-
schläger über das Hausdach schießen.

VERLETZUNG: schmerzender Ellbogen (Sehnenscheidenent-
zündung?)
DAUER: dauernd
URSACHE: Ich habe beide Kinder im Wäschekorb mit einem
am Griff befestigten Seil herumgezogen.

VERLETZUNG: Tinnitus
DAUER: drei Monate
URSACHE: Ich habe meinem Dreijährigen erlaubt, mir ein Stethoskop ins Ohr zu stecken, nachdem er versprochen hatte, »nur reinzuflüstern«.

VERLETZUNG: Abschürfungen am Unterarm
DAUER: sechs Tage
URSACHE: Ich bin wie ein Soldat durch das Tunnellabyrinth auf dem Spielplatz gerobbt, um mein vor Angst bewegungsunfähig gewordenes Kind zu retten.

VERLETZUNG: geprellte Hüfte
DAUER: drei Monate
URSACHE: Ich bin ausgerutscht, weil ich auf dem glatten Parkett und nur mit Socken Fangen spielen musste. Das war nicht meine Schuld. Mein Sohn änderte ständig den Ort zum Freischlagen (das sogenannte »Aus«), und als ich mich dann auf den Sessel (das »Aus«) setzen wollte, meinte er: »Nein, die ganzen Wände sind das Aus!« Ich legte also einen raschen Richtungswechsel hin, da zog es mir die Füße unter dem Hintern weg, und da hatte er mich.

Aber natürlich ist es das alles absolut wert, weil es mein Herz erfüllt (mit Cholesterin, aber auch mit Liebe).

Meine lieben Söhne

Es gibt wirklich viele Dinge, die ich meinen beiden Söhnen gerne sagen würde, aber entweder drücke ich mich nicht richtig aus oder sie sind schlichtweg zu jung, um meine Worte zu verstehen. Daher habe ich beschlossen, ein paar Sachen in dieses Buch zu schreiben. Ich hoffe, sie lesen das hier, sobald sie groß genug sind.

Lieber Silas, lieber Arlo,

1. Nennt mich »Papa«, solange ihr wollt. Es besteht überhaupt keine Eile, dass ihr umsteigt auf »Vater«.

2. Stellt euch beim Werfen seitlich hin, den Fuß der anderen Seite, also nicht die Seite mit dem Wurfarm, vorne. Bitte hört auf mich, das ist wichtig. Aber da ihr beide recht gut singt, spielt es vielleicht keine so große Rolle.

3. Ihr seid ein guter Fang. Glaubt mir, Jungs – ihr könnt mal jede Frau kriegen, die ihr wollt. Sucht euch welche aus, die euch an eure Mama erinnern (nur jünger, natürlich). Falls ihr euch einen Mann aussucht, solltet ihr ebenfalls darauf achten, dass er so ist wie eure Mama.

4. Ihr habt von mir Haut und Haare geerbt. Dafür möchte ich mich entschuldigen.

5. Ich habe noch nie im Leben jemanden geschlagen. Nehmt euch in dieser Hinsicht ein Beispiel an mir; das macht euch stark, nicht schwach.

6. Ich habe immer recht. Selbst wenn ich falschliege, geschieht das aus den richtigen Gründen. Oder es liegt einfach daran, dass ich faul bin. Oder weil ich keinen Schimmer habe, wovon ich rede, allerdings das Gefühl habe, meinen Senf dazugeben zu müssen. Das werdet ihr erst verstehen, wenn ihr eigene Kinder habt, das ist schon in Ordnung.

7. Ich selbst hatte nie einen Bruder, hab mir aber immer einen gewünscht. Bitte kommt gut miteinander aus und nehmt den anderen nicht für selbstverständlich. Solltet ihr euch auseinanderleben, wenn ihr älter werdet, wird es mir das Herz brechen.

8. Euer Großvater ist der interessanteste Mensch, der euch in eurem Leben begegnen wird. Vielleicht ist er nicht mehr lange bei uns. Achtet ihn.

9. Ich hab Probleme mit meiner Aufmerksamkeitsspanne, weshalb ich mir keine längeren Geschichten anhören kann. Lasst euch dadurch aber bitte nicht entmutigen, mir lange Geschichten zu erzählen. Die ersten paar Minuten find ich immer super.

10. Es ist durchaus möglich, jemanden zu lieben, obwohl er einen verrückt macht. Vielleicht ist das sogar eine Grundvoraussetzung.

In Liebe,
Papa

Danksagung[5]

Den folgenden Menschen möchte ich diese Danksagung widmen:

Lorena Jones, meiner Verlegerin bei Chronicle, die an meine Fähigkeit, ein Buch zu schreiben, geglaubt hat.

Meiner Agentin Courtney Miller-Calihan, die mir länger die Hand gehalten hat, als vielleicht schön war für sie.

Meiner Frau Lindsay Forsythe, die diesem Buch mehr Witz verliehen hat und mich glücklich macht.

Meinen Eltern Michael und Josephine Good, die mir vorgelebt haben, immer auch das Lustige am Alltag zu sehen.

Meinen Söhnen Silas und Arlo, die für den Großteil des Inhalts in diesem Buch verantwortlich zeichnen und die es noch dazu geschafft haben, dass ich in der Zeit des Schreibens trotzdem voller Freude war.

---

5 Mit dieser Danksagung betrachte ich alle meine Schulden als beglichen.

Geschichten über das
wilde Leben mit Kindern

In zwanzig Geschichten
rund um Kinder, Väter,
kleine Brüder und den ganz
normalen Wahnsinn be-
schreibt Kester Schlenz, was
das Leben mit Kindern so
herrlich aufregend macht.
Das ideale Geschenk für
Väter, Schlenz-Fans und
alle, die es werden wollen.

Kester Schlenz

Bleib locker, Papa!

Vater sein - Das Abenteuer geht weiter.
Ein Mann erzählt

GOLDMANN

128 Seiten
ISBN 978-3-442-17314-3

Für eine moderne, entspannte Erziehung ohne dogmatische Zwänge

Eine entspannte Reise durch unsere Kinderzimmer: Amüsant und unterhaltsam hinterfragen die beiden Hirnforscher und Entwicklungsexperten Ralph Dawirs und Gunther Moll die Top Ten der Erziehungsirrtümer von Essen macht groß und stark bis Fernsehen macht dumm.

»Gegessen wird, was auf den Tisch kommt!«

Die 10 größten Erziehungsirrtümer

GOLDMANN

272 Seiten
ISBN 978-3-442-17527-7

www.goldmann-verlag.de
www.facebook.com/goldmannverlag

GOLDMANN
Lesen erleben